マザーテレサ
沖守弘氏撮影

マザーテレサ

・人と思想

和田 町子 著

44

CenturyBooks 清水書院

はじめに

マザーテレサは背丈一五〇センチメートルそこそこの小柄な人。筋ばった手と身体に比べて大きな足をもち、インド山地出身に見間違えられそうな色のしわしわの皮膚をして、金砂をちりばめた茶色の目を輝かせている。これが二〇世紀の人間のうち、おそらく最も多くの人びとに知られた女性の姿である。

そのマザーテレサの「思想」を述べることは二重の意味でむずかしい。

ひとつには、マザーテレサが今日世界中の人びとの考え方に大きな影響を与えているとすれば、それは単なる思想ではなく、マザー自身の生き方、マザーの全存在が強い力で人びとに迫るからだと思われる。だから、マザーの言葉をその生き方からひき離すかたちで思想として語ることはほとんど無意味だろう。

次に、もしマザーの生き方の原動力や、行動の方向を定めている理想を思想としてまとめるとすれば、それはすでにキリストの言葉のなかにあって、教会の伝統のうちで修道生活において生きてこられたことに含まれているものとなるだろう。この意味では、マザーテレサ独自の思想というものはないといってもよい。

だが、それにもかかわらず、マザーテレサは人びとの知的関心の対象にさえなっている。実際、近ごろ、キリスト者のうちでマザーほど、その言葉、行動、生き方で強烈な印象を人びとに与えた人物は少ない。その影響力には国籍、人種、民族、そして宗教の違いをこえるものがある。マザーは、ただひたすらキリストを愛しキリストに仕え、まったく生《なま》のカトリック用語で語り、ロザリオを唱え、むきだしのカトリック-スタイルで生きているにもかかわらず、そうなのである。

この事実を、どのように考えればよいのか。

結論を先取りして言えば、それは、マザーテレサという女性の生き方そのものが、この二〇世紀後半の歴史の変動期にあたって人類にひとつの大きな意味を示しているところからくると考えられる。マザーは民族や国家や宗教の壁さえ越える普遍的なものをわれわれに提示している。そして現代世界は、そのような壁を越えた人類の共同領域にわれわれを導きだす普遍的な何かを、かつてないほど切実に求めているのである。

マザーの姿が世界の人びとの前に現れたのは、インドの最も貧しい人びとのなかで、死んでいく子供を胸に抱いたときであった。

インド、ベンガル地方のおびただしい難民、とくに誰にも顧みられずに路上に死ぬ多くの人びとは現代の苦しみを象徴する。こんなにも多数の無残な死があって、しかもその加害者は特定できないのだ。ここには民族紛争も宗教紛争もある。遠い奥地に発生してここまで波及してきた自然の災害もある。そしてこの飢餓、この貧しさをつくり出す経済の問題は世界規模のものである。これらすべてが絡みあってこの地方に、救済の手立てが到底追いつかないほどの不幸とそれに苦しむ人びとを生みだしている。

このような事態を招いてきた時代背景を見てみよう。

二〇世紀は二つの世界大戦はじめ多くの戦争をひきおこした。狂気の大量殺戮《さつりく》があった。全人類を何度も死滅させうる量の核兵器が生産された。こうした戦争によって世界の地図はぬりかえられた。他面、冷たい平和のなかで、技術進歩を基底にするかたちの地球の一体化が進行しはじめた。たとえば地球環境問題がその現実をわれわれにつきつけている。

二〇世紀後半には、近代以降つづいてきた国家間の体制そのものが衰退しはじめた。そのひとつは、第二次世界大戦後まもなく形成されたヨーロッパ石炭鉄鋼共同体に始まって、通貨統合をめざすヨーロッパ連合へと進展する形に見られるような超国家的な統合の過程である。他のひとつは、旧ユーゴスラヴィアに代表されるような、民族の名による国家の分裂瓦解の過程である。民族という、かつては民族自決のようにポジティヴな意味で使われてきた言葉は、いま、隣人の殺し合いをひきおこすものとなっている。

この不安と矛盾を内蔵する歴史の大きな移行期にあって、われわれが身にしみて必要としているのは、民族や国家の区別を越えうる人間的な共感であろう。

マザーテレサは、その小柄な身体で、現代の不幸にかかわっている。マザーが身をおいたのは人間の死の場である。誰もが例外なく必ず死ぬのであるから、たしかに死は人間の普遍的運命である。だが、いまは世界各地で、憎しみ合いからひきおこされた死、冷淡に見捨てられた死、産業廃棄物のような人間の死が地の面をおおいはじめた。マザーは自分の周囲の死んでいく人を自分の手で介抱して、ひとりひとりが人間的な死をまっとうできるように身を捧げている。ここでは身分や国籍や民族や宗教の違いは消える。ただ死んでいく人が大切に看とられ、その人自身の宗教が尊重される。

およそ非能率的な、なんとも地味な行動をとおして、マザーはわれわれに、人間の原点を思い出させ、人間の普遍的な価値を提示する。こうして彼女はわれわれの知性をもまきこんでいる。

マザーの映像を見たある日本人が、「もしみんなが自分を見捨てても、この人だけは最後まで見捨てないでいてくれると感じるよ」といった。人類の将来に不安を抱かざるを得ない今日、マザーは、「このようにも、生きることができる」という、根の深い希望をわれわれに与える。だから、マザーはその全存在でひとつの思想を体現していると言ってもよいだろう。

マザーの思想の源泉はキリストにある。彼女は、その思想を、文字にとじこめるのではなく、行く先ざきの具体的な状況において、風通しよく生きて実現する。この書物では、このようなマザーの姿を描き出すよう努力する。

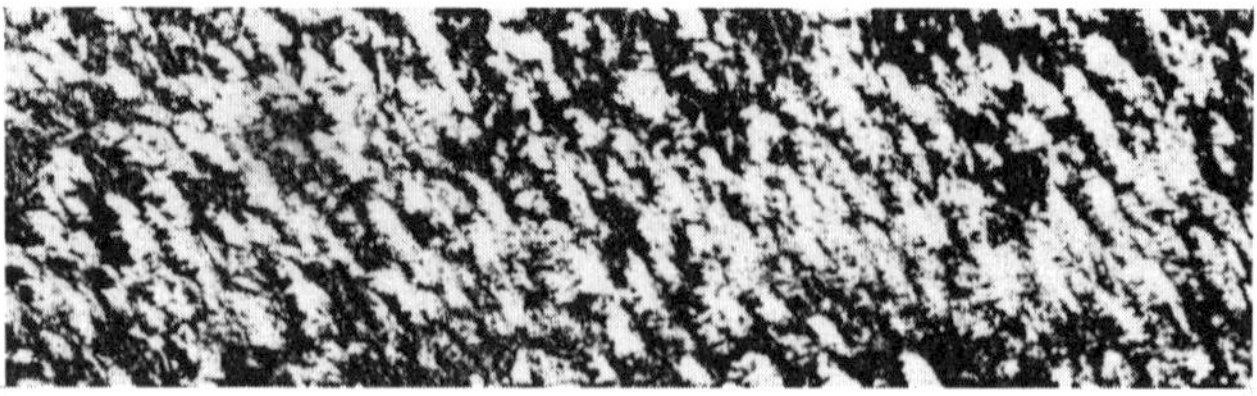

目次

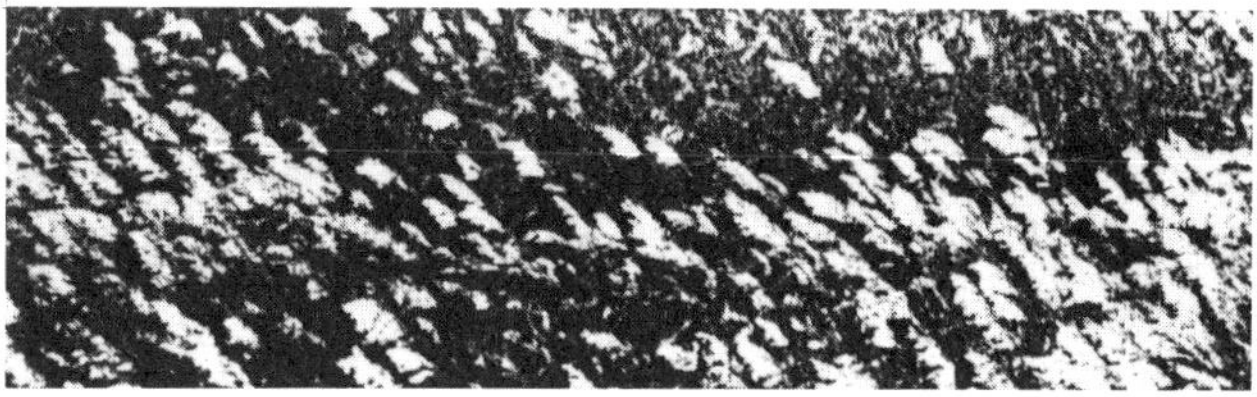

IV　世界の眼に

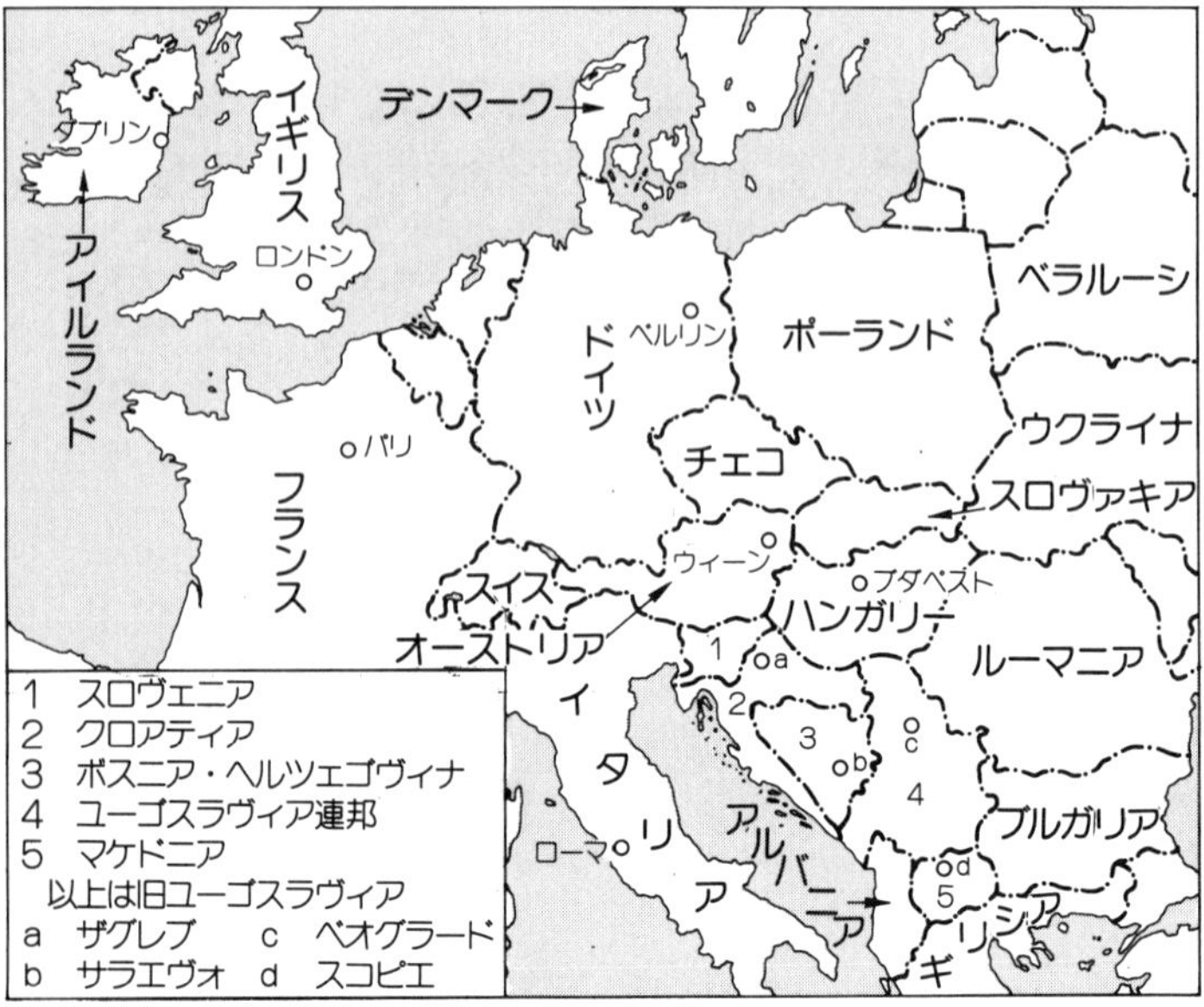
デンマーク
ダブリン
アイルランド
イギリス
ロンドン
ベラルーシ
ポーランド
ベルリン
ドイツ
ウクライナ
チェコ
パリ
フランス
スロヴァキア
ウィーン
ブダペスト
スイス
ハンガリー
オーストリア
ルーマニア
イタリア
ローマ
アルバニア
ブルガリア
ギリシア
1　スロヴェニア
2　クロアティア
3　ボスニア・ヘルツェゴヴィナ
4　ユーゴスラヴィア連邦
5　マケドニア
以上は旧ユーゴスラヴィア
a　ザグレブ　c　ベオグラード
b　サラエヴォ　d　スコピエ

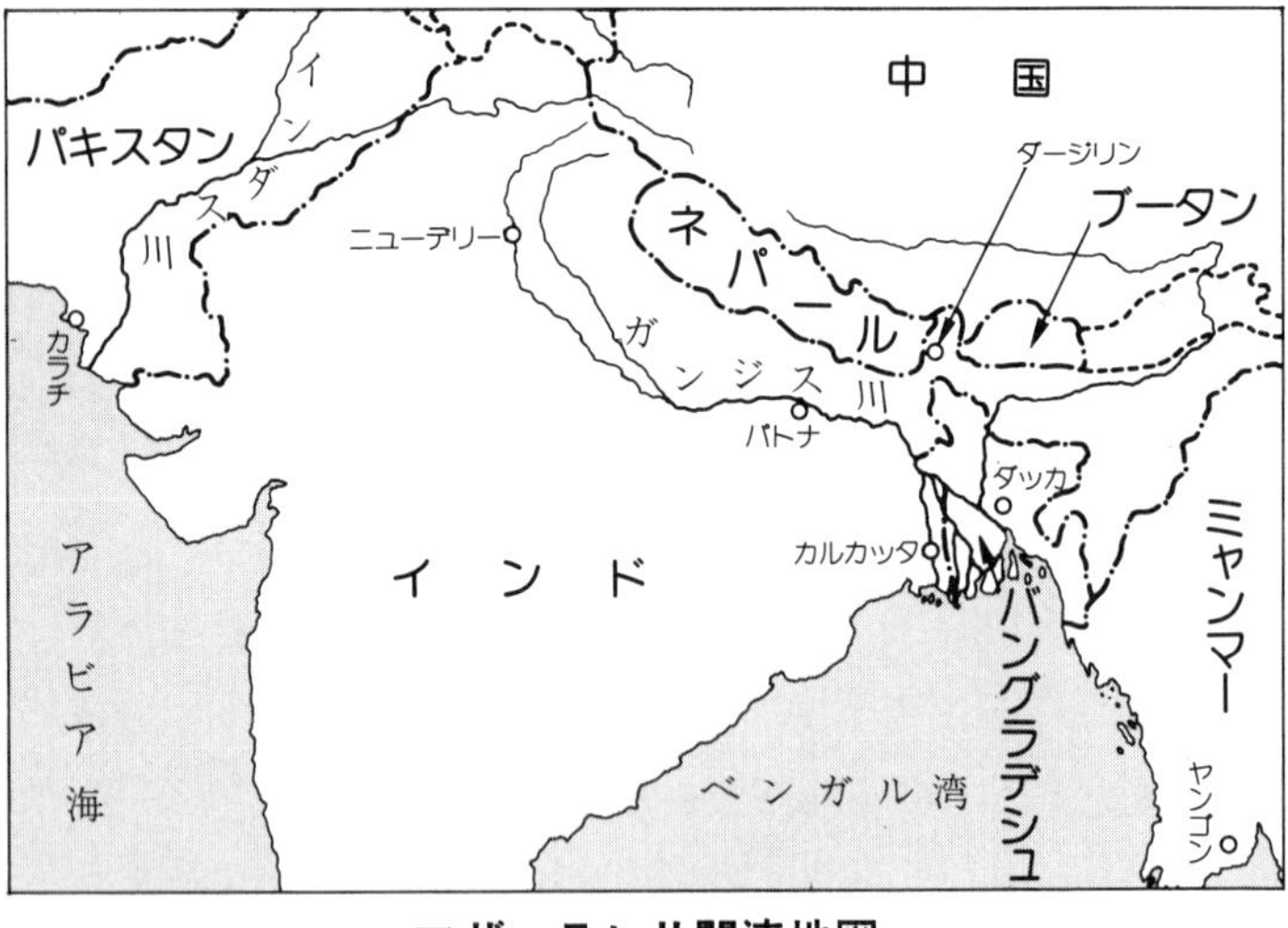
中国
パキスタン
インダス川
ニューデリー
ダージリン
ブータン
ネパール
カラチ
ガンジス川
パトナ
ダッカ
カルカッタ
ミャンマー
アラビア海
インド
バングラデシュ
ベンガル湾
ヤンゴン

マザーテレサ関連地図

I　召命と修道生活

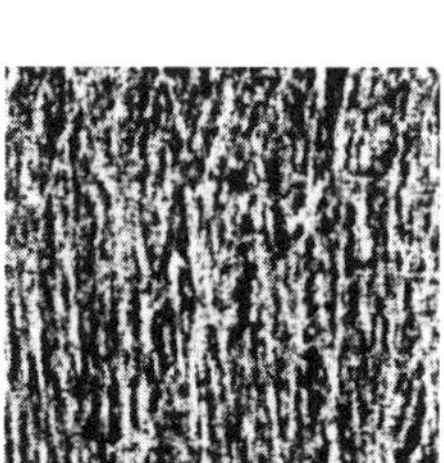

少女期

「花の蕾」誕生

マザーテレサは一九一〇年八月二六日、マケドニアのスコピエで生まれた。両親のボヤジュー（Bojaxhiu）夫妻はともにアルバニア人である。翌二七日洗礼を授けられて、アグネス＝ゴンジャ（Agnes Gonxha）と名づけられた。「アグネス」とはキリスト教初代教会の乙女殉教者の名であり、「ゴンジャ」はアルバニア語で「花の蕾《つぼみ》」を意味するという。ボヤジュー家は六歳の長女アガタ、三歳の長男ラザロに花の蕾の赤ちゃんが加わって五人家族となった。

ちなみに「マザーテレサ」とは修道女としての呼び名である。修道会のなかで、会員は生家の姓名を離れて修道名を名乗ることがある。マザーテレサが最初に入会した修道会はそうであった。「テレサ」は修道名、「シスター」または「マザー」とは修道女のことである。マザーテレサが創立した「神の愛の宣教者会」では総長を「マザー」とよぶ。

マザーテレサは自分の個人的な部分が語られることを避ける。それはマザーが、キリストこそ語られるべきであり、自分たちはキリストの仕事をつづけながら自分なりの小さい役割を果たして通り過ぎて行くだけなのだと心から思っているためにそうなる。洗礼の日が誕生日としてよく記されているのだが、ご本人は、それをそのままにしているほど徹底して個人史にかかわらない。だから、幼いマザーテレサが家族の人びとから「ゴンジャ」とよばれていたこと、また、「蕾」とは家族にとって「バラの蕾」を意味していたことがわかるのは、兄ラザロのおかげである。マザーテレサの育った家庭のふんいき、またマザーの少女期についてこの兄は多くの思い出を語った（Eileen Egan *Such a Vision of the Street——Mother Teresa——The Spirit and Work*）。自分自身に光が向けられるのをできるだけ避けようとするマザーの意向は尊重されなければならないが、また一面、後年のマザーの生き方の揺籃期をあきらかにするのは、意味のあることと思われる。人は誰でも、その思想の根を育成の場の文化的風土や時代背景に深く降ろし、その深層から力を得ているのであるから。マザーテレサの生の種子はスコピエの少女期に蒔かれ、その温床で発芽した。だから、この書物の出版計画を打ち明けた折に示されたマザーの方針に沿いながらも、この目的が許す範囲で、マザーの少女期について述べることにする。

ボヤジュー家

マザーテレサの両親、父ニコラ（Nikola）と母ドラナフィル（Doranafile）は、旧ユーゴスラヴィアのコソボ共和国、プリズレン（プリスチナ）で結婚し、二〇世紀はじめにマケドニアの首都、スコピエに移り住んだアルバニア人である。父は建築請負業と食料輸入を共同経営で手広く営んでいた。

ニコラの行動範囲はひろく、エジプトにまで及ぶほどだった。スコピエ市で彼の企業は、市の最初の劇場の建設に参加し、ニコラ自身はスコピエ市議会の議員となっていた。ニコラはアルバニア語のほかに、土地の言葉であるセルボ＝クロアティア語、トルコ語、イタリア語、フランス語が話せた。ラザロによると、ニコラは元気のあふれた、大勢の人と一緒にいるのが大好きな人間で、彼の生前には家に訪問客がいっぱいだったという。そしてなによりも、彼は忠実なカトリック教徒であると同時に、熱烈なアルバニア愛国者であった。

母の名ドラナフィル（ドラナ）はアルバニア語で「バラ」を意味するという。ドラナはきわだって宗教心の篤い婦人であった。可能な限り、朝ごとに子供たちをつれて近くの聖心教会でミサにあずかることから始めて、日々の宗教的なつとめをきびしく守った。後年、ラザロが、修道女たちと一緒にいるマザーテレサを見たとき、彼はマザーが自分たちの母そっくりだと感じたといっている。ドラナの宗教心は、また、貧しい人、苦しむ者を本当に大切にいたわるところに現れていた。貧しい人びとはボヤジュー家の扉に行って断られることがないことをよく知っていた。躾のきびしい、きちんとした、浪費をゆるさない家庭であるが、この家庭はつねに、周囲の困っている人びとに開かれていた。人びとはよく食事を摂りに来た。身寄りのない老女が腫瘍《しゅよう》で苦しんでいるのを、この母ドラナが家にひきとり、回復するまで面倒をみていたことをラザロは記憶している。ドラナは定期的に食物やお金をもって貧しい人びとを訪問した。そのようなとき、母について行くのは、幼いときからアグネス＝ゴンジャであった。

ドラナにとって、「困っている人は身内」であったが、ニコラもまた妻のこの方針を全面的に支持していて、その活動のために十分なお金をドラナにまかしていた。一言でいえば、ニコラとドラナは本当に暖かな家庭をつくり出していた。次のことにもその様子がうかがえる。子供たちがいきいきと覚えていることだが、夕方になって父親が帰宅するころには、母はかならず髪をととのえ直し、服を着替えた。夫が姿を現すときのために母親が注意深く身支度するのを子供たちはすてきなことだと感じていた。ドラナは毎日、このときの家族の集まりを一種のお祝いのようにした。そして、このように居間にあつまった家族全員でロザリオの祈りをするのがボヤジュー家の夕方の行事だった。

スコピエのカトリック教会で　ジプシーの女性が願いごとをこめて聖像に捧げものをかけている。

マザーテレサはこの家庭に生まれ、幼年期を過ごした。

しかしながら一九一九年、アグネス＝ゴンジャが九歳のとき、ボヤジュー家は突然大きな不幸におそわれる。ニコラの不慮の死である。第一次世界大戦後、ニコラはアルバニア愛国者運動の政治活動に身を投じていた。その日、ベオグラードに重要な集会があって、ニコラは二六〇キロもの距離をでかけていった。しかし、家をでるとき生気にあふれていた四五歳のニコラは瀕死の状態でようやく家に帰りついた。吐血する彼を近くの病院に運びいれたが、医師たちにも施す術がなかった。医師たちも家族もニコラは毒殺されたと信じた。ニコラの死後、資産は共同経営者に横領され、遺族にはただ家が遺されたのみであった。

悲しみからしばらくは呆然自失していたドラナは、やがて一家の再建にとりかかった。彼女は刺《し》繍《しゅう》を扱う仕事を手始めにして、しだいに事業をカーペットにまで広げていった。スコピエのカーペットは名高かったのである。ドラナは企業家の素質にも恵まれていたらしい。繊維製造業者たちが、売れ行きをよくするために、材質やデザインについてドラナの意見を重くみるほどになっていた。

ところで、このようなボヤジュー家の家風も運命も、バルカン半島のマケドニアという土地およびアルバニア民族の歴史に深くかかわっているのである。

転変のはげしいマケドニア

マケドニアは旧ユーゴスラヴィアでいえば、その最南端にあってギリシアに国境を接する共和国であり、スコピエがその首都である。しかし、アレクサンドロス大王で知られる古代マケドニア王国以来「マケドニア」という名で指示されてきた国土のひろがりは、歴史の過程で大きく変動している。

もともとユーゴというのは南（jug）を意味し、ユーゴスラヴィアは「南スラヴ人の国」ということである。南スラヴ諸民族と総称されるなかでセルビア人、クロアティア人、スロヴェニア人が区別され、なおこのほか、少数民族としてハンガリー人、アルバニア人が加わる。このような諸民族が競合するうえに、周囲を諸強国にとりまかれたバルカン半島では、一夜にして国境が移動するという出来事までおこるほど騒乱が絶えないのだが、なかでも諸国の利害の衝突にさらされたマケドニアは、バルカン問題の核といわれてきた。一九九一年に始まった、連邦国家としての旧ユーゴスラヴィアの解体でさえ、マケドニアの地名が担う長い変遷の歴史のひとつのエピソードときこえるほど、それは政治的、経済的な転変のはげしい地域である。

マザーテレサが生まれた一九一〇年、この地方はオスマン帝国を宗主国としていた。オスマン帝国は一四世紀末にバルカンの大半を征服したのだが、その圧政に反抗して、バルカン各地で闘争がくりかえされてきた。二〇世紀になってもなお、キリスト教徒に対する抑圧をあらためなかったオスマン帝国に対して、アルバニア、マケドニアで反乱がつづき、オスマン帝国はそれに虐殺で対抗していた。一九一二年に、ブルガリア、セルビア、ギリシア、モンテネグロの四国がバルカン同盟をむすんでオスマン帝国に戦いを挑み、第一次バルカン戦争がおこる。オスマン帝国は連敗し、ヨーロッパにおける領土のほとんどを失った。一九一三年、ブルガリアとセルビアの領土あらそいから第二次バルカン戦争がおこり、ブルガリアの敗北、ブカレスト講和条約でもって戦いは終わった。その結果、旧マケドニアの国土はセルビア、ギリシア、ブルガリアに分割された。ついで、かねてより自国勢力の拡大をはかるオーストリア＝ハンガリーに対するセルビアの反感からふきだした一発の銃声が導火線となって、一九一四年八月、第一次世界大戦がひきおこされた。こうして、マケドニアはその四年のあいだに、三たび、バルカンの戦場となった。第一次世界大戦後の一九一八年になって南スラヴ諸民族を統合する国家が成立した。「セルビア人、クロアティア人、スロヴェニア人王国」である。一九二九年からユーゴスラヴィア王国となった。とはいえそれは、歴史も伝統もことなるいくつもの民族の集合体にすぎないので、内部にはつねに分裂の危機をはらんでいた。

マザーテレサが生まれ、少女期をすごしたのは、このような時代のマケドニアのスコピエである。その父ニコラの死はバルカンのこのような歴史において生じた悲劇であった。

ポルカ文化圏とコロ文化圏

ユーゴスラヴィアは第二次大戦後、社会主義国に衣替えしてソ連ブロックに入ったが、間もなくそこから離脱して、チトーのカリスマ的リーダーシップのもとに諸民族は団結した。こうして生まれたユーゴスラヴィアについては、「二つの文字、三つの宗教、四つの言語、五つの民族、六つの共和国」という言葉がある。この団結は社会主義的インターナショナリズムのイデオロギーによって政治の次元で支えられたものであり、連邦国としてはついに、民族意識や生活文化の面で統合されるにいたらず再分裂する。いいかえれば、それほどにも民族的生活文化の根はそれぞれに深かった。そこで生活文化の側面からマケドニアの特徴をみてみよう。

東欧には生活文化の上でおおまかにいって、二つの文化圏がある。石川晃弘はバルカン半島の北部と南部を「ポルカを踊る文化圏」と「コロを踊る文化圏」として区別している。ポルカは速い二拍子のリズムの曲にあわせた踊りで、これは男女がペアになって踊る。コロは、輪を作ったりチェーンを組んだりして、集団をなして踊る。ペア－ダンスのポルカとチェーン－ダンスのコロは、社会関係の組み方の差異を象徴しているのである。

ポルカの地域では社会の単位は一対の男女、夫婦である。パーティに行くときも人を招いたり招かれたりするときも、旅行するときもコンサートに行くときも、夫婦一組が原則である。そしてこの一対は、双方の独立した個人的意志にもとづいて形成される。しかもここでは私的所有の観念が発達しており、個人間の関係は契約的である。

他方、コロを踊る地域では、夫婦はより大きな血縁集団や地縁集団の一部であって、社会の単位は家族・親族、さらには地域共同体である。それは、個人の意志を越えた存在で、個人はそこからまったく独立した存在とはみなされない。またそこには「キミの物」と「ボクの物」とを峻別《しゅんべつ》したがらないような所有観念がある。

この二つの生活圏を歴史や宗教にかかわらせていえば、ポルカ文化圏はかつてオーストリア－ハンガリー帝国の支配下にあった諸地域をおおい、宗教はカトリックがいまなお強いが、コロ文化圏はかつてオスマン帝国の支配を受け、ギリシア正教のほかにイスラム教もところどころにのこっている地域に広がっている。

オスマン帝国時代の城壁　スコピエ

マケドニアはコロ文化圏に属する。

首都スコピエ

マザーの生地、マケドニアの首都スコピエは、ゆっくりと流れるヴァルダー河畔に位置する。この地には紀元前から人びとが住みついてきた。いまもこの河に架かる橋は、ローマ帝国の属州であったころの橋礎の上に、一五世紀に再建されたものという。歴史上に現れるスコピエの名を求めてユーゴスラヴィア史の年代記をくって見ると、一三四六年の項に、「ドゥシャン、マケドニアの中心地スコピエで『セルビア人、ギリシア人、ブルガリア人、アルバニア人の皇帝』の称号を授けられる」という記載が見つかった。「マケドニアの皇帝」とは書かれていないところが、この地域の性格をあらわしている。

マザーテレサが少女期を過ごした頃のスコピエは人口二万五千ばかりの町であった。いま、人口五〇万をこえるスコピエ市には五〇〇年にわたるオスマン帝国の支配のあとが歴然とのこっている。市の高台から、一九六三年の大地震にも崩れなかったオスマン帝国時代の城塞がいまなお傲然《ごうぜん》と市を見下ろしている。あちらこちらにイスラム寺院の光塔がそびえていて、そのバルコニーからは、日に五度、祈りの時間が声たかく告げられる。ある街角にはオリエンタル-バザーが開かれている。そしてスコピエの人びとの大部分は、ビザンチン時代から連綿とつづくギリシア正教の信者であって、ゆたかに飾られた教会をとりまいて住んでいる。街の主な道路をバスが土埃をたてて走る。春にはその道端に大輪のバラが色とりどりに咲き匂う。

マザーテレサはまさにこのスコピエ市、さまざまの宗教が併存し、文化が重層する土地に生まれ育った人である。この地は、積年の怒り、悲しみ、愛着や憎悪や、希望や絶望を底深くしずめている。マザーは、その人生のはじめに、西方キリスト教のかたちが宗教の唯一の表現ではないことも、また宗教が人びとを支えるとともに、人びとを分裂させている様相をも肌身で感じとっていたと思われる。

アルバニア人の心

マザーテレサの両親はアルバニア人である。アルバニア人キリスト教徒は、住民の大部分がイスラム教徒であるような地域においても先祖伝来のキリスト教の信仰を守りつづけた人たちである。じっさい、この民族からキリスト教をとおして人類の歴史に深くかかわった人たちが出ている。古代キリスト教の代表的教父の一人で、ラテン語訳聖書の完成者であるヒエロニムス、クレド(使徒信経)を制定したニケア公会議のメンバーである五人の司教たち、教皇クレメンス一一世などがあげられる。

ボヤジュー家がマケドニアに定住するアルバニア人であることを、二〇世紀末の感覚でマケドニアに住む「アルバニア移民」と理解するのは適当ではないだろう。先にあげたユーゴスラヴィア年代史の記録にも見られるように、このマケドニア地方は古くからさまざまの民族に属する人びとの土地であったのだ。さらに、マザーテレサが生まれた一九一〇年には、現在のアルバニア国はマケドニア同様オスマン帝国の支配下にあったので、二つの地方はいわば国境なしの地つづきであった。第一次バルカン戦争後、アルバニアが国として独立したときも多くのアルバニア人がそのままマケドニアに残留していた。ボヤジュー家もそのひとつである。

ではマザーテレサがアルバニア出身だということは、どれほどの意味をもつのか。マザーテレサが、一八歳のときにスコピエの家を離れ、三九歳のときインドに帰化してその国籍を取得したこと、また、彼女の「世界中の人びとがわたしの同国人なのです」という言葉や生き方からすると、マザー自身にとってこの出身は特別の意味をもっていないように思われる。しかしながら、アイリーン＝イーガンという一九五五年以来マザーに近く生き、働いてきた婦人は、マザーの性格の深みに抜き難くアルバニア人の特質、つまり、相互扶助と連帯の気風が根付いている、と記している。それはベサ（besa）という言葉であらわされることに最もよく示されている。

「ベサ」は、日常生活において、名誉をかけた言葉は破られることはないという、誓言の絶対的な神聖性にかかわるアルバニア人の考え方である。考えというより、むしろそれは意識の深みを占める生き方というほうが近い。イーガン女史にマザー自身が説明したところによると、ある家族が誰かに「うちにおいで下さい。お泊めします」という約束をし、その相手が約束の実行を求めた場合には、家族はどのような犠牲をはらっても、その人を泊らせ保護する、という。客人が人に追跡されている者のようなときには、そして実際にはその場合が多いのだが、かくまう家族が払う犠牲は大きくなる。そのような場合でも、また仮にその客が、かくまう家族の誰かの敵であったことが分かったという極端な場合においてさえ、約束は果たされる。このような「ベサ」はアルバニアの歴史を背景にしてみるとき、そのいわれがはっきりとしてくる。

契約の言葉「ベサ」

アルバニアの人びとは古代イリュリア人の末裔と考えられている。紀元前はるかに遡るころから、現在のアルバニアの地、バルカン半島西部の地域はイリュリア人が定住していた土地であった。イリュリクムとよばれる。前三世紀後半からのローマ軍の侵攻に対して長期にわたる頑強な抵抗をつづけたのち、ローマの一属州となった。一世紀に使徒パウロが『ローマ人への手紙』一五章において、「こうしてわたしは、エルサレムからイリリコン州まで巡って、キリストの福音をあまねく宣べ伝えました」と記した土地である。そののち、ビザンチンとローマに分割され、また、つぎつぎとスラヴ人、ブルガリア人、セルビア人の侵略を受け、一三世紀の短いアルバニア王国時代をへて、一三八五年にオスマン帝国によって征服されて二〇世紀に至る。このように長い長い世紀にわたって、征服者たちにむかって立ち上がり、挫折する苦闘がつづくのだが、その歴史をつらぬいて、民族のアイデンティティの印のように、あの古代の名前が保たれてきた。イリュルの名はいまなお多くのアルバニア家族で用いられているという。さて「べサ」はこのような歴史を生きて来た民族の、占領軍への抵抗運動あるいは内部闘争に身を挺し追い詰められた人びとの、ぎりぎりの運命に結びついている。かれらの生命は、記録にでも協定にでもなく、単なる誓約の言葉という、かぼそい糸にかけられていた。そこに誓約の神聖性があり、誓言は命がけで守られてきた。

マザーテレサの生き方をみると、この「べサ」を知ってはじめて、よくわかることがあるという。マザーの血肉となっている「べサ」は、修道誓願（これについては次節でのべる）を守る、神への忠実のなかで生きている。後にのべるように「神の愛の宣教者会」の創立に際してマザーがとった道はこの忠実によってつらぬかれている。また二〇世紀の後半になってマザーが多くの人びとに講演することを求められはじめたころ、世の風潮は誓約や誓願の神聖性が軽んじられる方向に傾いてきていた。そのようなとき、マザーは、あるいは司祭たちの集会で、あるいは修道女の集会で誓願の神聖性を説いた。彼女は雄弁な人ではない。とつとつと聖書の言葉を素朴に語る。だが、このような聴衆にとってはすでに聞き古された言葉がマザーの口からでるとき、魂にしみいるものとなって人を根底から揺り動かすだけの力をもつ。その力の秘密は「ベサ」にあると思われるのである。マザーは生涯かけて生きて来たことを伝えている。その深い体験にうらうちされ、真に内面から発せられて、言葉がその本来の輝きを放つのである。

「聖心教区」の学校に

マザーテレサの少女時代に戻ろう。就学年齢になると、ボヤジュー家の子供たちは聖心教会のホールにある小学校に通った。それは四年制の学校で、授業は、最初の三年の間はすべてアルバニア語で行われ、四年生になってセルボ–クロアティア語が第二語学として教えられる。ついで、公立学校にすすむ。ここでは教育はすべてセルボ–クロアティア語で行われる。アグネス＝ゴンジャもこのようにしてスコピエ–ギムナジウムで学んだ。

家庭と学校に加えて彼女に根本的な影響を与えたのは「聖心教区」であった。まず、教区というものを説明しよう。もしわれわれがヨーロッパを旅すれば、ひろい牧草地のかなたに、遠くから教会の尖塔が見え、やがてその周囲に広がる村や町に近づく、という経験をする。中世以来、教会を中心に町や村がつくられ、司祭がその地の人びとを司牧してきた。教会司牧の地域的単位を教区という。人びとの生活は、いわゆる冠婚葬祭のみならず、子供の教育や社交生活、なにかの折の助け合いまで、教区という基盤で営まれている。

ボヤジュー家は聖心教区に所属していた。まえにものべたようにスコピエに住むカトリック教徒は少数派である。教会は教区民にとって、宗教生活のよりどころであるとともに、民族アイデンティティのセンスと固有の文化を保つ役割を果たしていた。聖心教区の年中行事のひとつとして、スコピエから余り遠くはないレトニカにあるセルナゴレの聖母マリア廟に巡礼をする。ドラナは年に一度の巡礼の熱心な参加者であり、アグネス＝ゴンジャも成長するにしたがって巡礼に加わった。

アグネス＝ゴンジャは姉アゲ（アガタ）とともに聖心教会の合唱隊のメンバーであり、またスコピエのアルバニア‐カトリック‐クワイアにも加わっていた。姉妹はみごとな声の持ち主として知られていたという。クリスマス劇にはアグネス＝ゴンジャはソロを歌った。同じ年頃の少年少女グループのパーティがあり、ピクニック、山歩きがあり、姉妹は潑剌《はつらつ》とした豊かな日々を過ごした。若者たちが聖母マリア廟へ巡礼するとき、それは祈りの時でもあり、交歓の時でもあった。巡礼の途上でも霊地でも、彼らはよく合唱した。

ヤンブレンコヴィチ神父　ヤンブレンコヴィチ神父（Fr. Jambrenkovic）が教区の主任司祭になったのは一九二五年の春のことである。神父はイエズス会に属している。イエズス会は教育修道会であって日本でいえば栄光学園や上智大学の設立母体である。神父は教区図書館をつくってドストエフスキーやシェンケヴィッチの作品を収蔵し、若者たちは古典文学に親しんだ。シェンケヴィッチの作品では『クオ・ヴァディス』のみならずポーランド独立闘争を主題にしたものに特に人気があつまった。アグネス＝ゴンジャは本好きで、母ドラナの心配の種になるほど、読書にも熱中した。

ヤンブレンコヴィチ神父は若者たちのために多くの時間をさいた。そして彼は若者たちの間に聖母マリアのコングリゲーション（信心会）をつくった。これがアグネス＝ゴンジャの生涯に決定的な意味をもたらすことになる。ちなみにこのコングリゲーションは、一五六三年イエズス会のローマ学院において学生たちの間で創設され、やがて全世界のカトリック界に広まっていったものである。イエズス会の創立者イグナチオ＝ロヨラが『霊操』に記した「私はキリストのために何を為したか？私はキリストのために何を為しているか？　私はキリストのために何を為そうとしているのか？」という言葉はコングリゲーションの会員たちに大きなチャレンジとなった。後年、マザーテレサはカルカッタの学校で教えたときに、同じコングリゲーションに属する女生徒たちにかかわることになる。彼女たちは学校周辺のスラム部落を訪問していた。「貧しい人びとに仕えるキリスト」に倣うことはコングリゲーションの目標のひとつであったのだ。

コングリゲーションの会員たちはさまざまの聖人たちの生涯や宣教師の活躍ぶりを調べた。特にイエズス会士の宣教活動には詳細にわたって興味をもった。ちょうどそのころ、一九二四年にはイエズス会の司祭たちが旧ユーゴスラヴィアからインドのベンガル地方に派遣されていた。ガンジス（ガンガー）河がベンガル湾に注ぐ河口に近いこの地方の司牧は非常な困難をともなったが、また異国風で心を魅き付けるものであった。旧ユーゴスラヴィア出身の司祭たちはその活動の様子を細かく故郷に書き送ったのである。アグネス＝ゴンジャは、この宣教師たちの生き方を魂の深みで受け止めた。

この頃のアグネス＝ゴンジャについて、彼女のいとこであるローレンス＝アントニーの生き生きとした証言がある。（兄ラザロのほうは一九二四年に、奨学金を得てオーストリアのグラッツにあるミリタリースクールに入学し家を離れていた）。いとこのアントニーは著名な音楽家、作曲家であるが、その成長期を学校でも教会でもアグネス＝ゴンジャとともに送った人である。アントニーによるとアグネス＝ゴンジャの特徴は何よりもまず、人付き合いのよさ、宗教やグループが異なる人たちにも温かく心を開くことにあらわれていた。ボヤジューの家にはアゲやアグネス＝ゴンジャの友だちがよく集まってきたが、アグネス＝ゴンジャの級友のなかには、彼女に勉強の復習を見てもらいにくる人たちもあった。マザーテレサはのちに、「教えることは何より好きです」といったが、教師としての資質はこの頃に育まれたものらしい。優秀な生徒、優れたオーガナイザーであり、何事であれ彼女の忠実さには全面的に信頼することができるという人柄であった。手帳をもち歩いて詩を書きとめ、論文をまとめて地方紙に掲載されたこともある。アントニーはアグネス＝ゴンジャが将来、作家になるだろうと思っていた。

その予想にふと、疑念がきざしたときの出来事をアントニーはよく覚えている。そのころ彼はマンドリン‐オーケストラを指導していて、グループの女の子三人にマンドリンのレッスンをしていた。もちろん無料である。ところがアグネス＝ゴンジャは、レッスンごとに一人当たり一ディナールを受けとるべきだと彼にすすめた。「謝礼をお取りなさいな。そして私にちょうだい。インドのミッションのために。」これは一九二七年、アグネス＝ゴンジャが一七歳のことであった。アントニーはアグネス＝ゴンジャのうちにインドのミッションに対する関心が深まっていることを明らかに見てとった。こうして、アントニーは、彼女がミッショナリーになるかもしれないと半ば予感があったにもかかわらず、実際にその決意を打ち明けられたとき、大きな衝撃を受けたと、後年のべている。

アグネス＝ゴンジャの決意

ヤンブレンコヴィチ神父はコングリゲーション機関紙を発行し、また全世界のミッションのために特に折りを捧げる祈りのグループをつくった。アグネス＝ゴンジャは一八歳の誕生日を迎えるころ、修道生活への内なる呼びかけをくりかえし強く感じて、ついにそれに応えることを決心した。一九二七、二八年にはセルナゴレの聖母廟で長い黙想をしていた。一九二八年八月一五日、聖母の祝日にセルナゴレを最後に訪問した。アグネス＝ゴンジャにとって重要なことは、神が自分をお呼びなのか、また神が自分をお呼びだとして、どのようにそれを知ることができるのかということであった。ヤンブレンコヴィチ神父は神の召し出しの徴《しるし》を「喜び」ということに見ていた。そのことを彼は、神と隣人とに仕えることを心によく思いめぐらせ、それによって喜びを味わうときには、神が自分を呼んでおられる徴となるだろうと説明した。人生の進路選定にかかわる重大な決断をするとき、その方向を見定めるために最も良い羅針盤は「深い喜び」だからである。この種の喜びが個人の自由にかかわることについては後にのべる。

アグネス＝ゴンジャはベンガルの地で主キリストに仕えようという思いで燃え立った。彼女はこの地方で働いている女子修道会について尋ねた。「私はミッショナリーになりたいと思いました」と、のちにマザーは言う。「出かけて行って、そこの人びとがキリストのいのちをもてるようにしたかったのです。」ベンガルにいる旧ユーゴスラヴィア出身の司祭たちは、ロレット修道会のシスターたちがその地で長年にわたって活躍していることを書いてきた。それはイエズス会同様に国際的な会員で構成され、また国際的に働く女子修道会であって、ベンガル地方には同会のアイルランド管区からミッショナリーが派遣されていた。アグネス＝ゴンジャはこの会に入会志願しようと心を定めた。それは、もし彼女が入会を許されたときには、家族および故郷と、生涯別れることを意味していた。当時、ミッショナリーにとって故国訪問の休暇はなかったし、また家族が遠い宣教地をたずねる機会もなかったからである。スコピエ生まれのアルバニアの少女は、決定的に家を離れ、アイルランドを経てベンガルへ行こうとする。

アグネス＝ゴンジャが母親にミッショナリーとなる決意を語ったとき、母は、その出立が永久のものであることを悟った。〈わたしの小さなバラの蕾〉はようやく一八歳になったばかりではないか。

母は自室に入って扉をしめ、一昼夜ひきこもったきりとなった。そこで祈ったにちがいない。慟哭《どうこく》したかもしれない。マザーテレサさえそれは知らない。ドラナが姿を現したとき、もはや個人的感情は鎮められていた。彼女は娘が自分から離れていく出立のために必要な準備をするのを助けた。母は娘にひとつのアドヴァイスを贈った。「あなたの手を主に、主の御手のなかに、おきなさい。そして、いつも主とともに歩き続けなさい。」この母の言葉は娘の心に刻みつけられた。

遠く家を離れていた兄ラザロにとって、妹の決心は全く思いがけない衝撃であった。彼は当時二一歳、中尉に任官して、アルバニア王ゾーグ一世の侍従武官となっていた。ラザロは妹に手紙を書いた。一体どうして美しい少女が楽しい生活を振り捨ててそんなに遠くへ行こうとするのか、と。妹からの返事の一節をラザロは正確に記憶している。「お兄様は百万人の人びとの王様にお仕えになるのでしょう。私は全世界の王様にお仕えしましょう」。

翌九月、アグネス＝ゴンジャの出立を前にコングリゲーションとコーラスの若者たちは送別のコンサートを催した。九月二六日早朝、友人たちに見送られ、アグネス＝ゴンジャは母と姉とともにスコピエ駅を発ってザグレブへ向かった。ザグレブで、もう一人のロレット修道会志願者とおちあい、この二人の志願者はパリへと出発して行った。母と姉はザグレブ駅で二人を遠く見送った。イエズス会司祭はこの志願者たちを、まずパリのロレット会修道院に紹介していたのである。パリの修道院長の面接を経て、二人はアイルランドのダブリンにあるロレット修道会本部に送られた。

召　命

四〇年後、ＢＢＣのジャーナリスト、マルコム＝マゲッリッジのインタヴューにマザーテレサは、当時を振り返って次のように答えている。

マルコム　マザーテレサ、こんなこと全体がいつ始まったのですか？……貧しい人に献身しなければという考えがいつ起こってきたのですか？

マザーテレサ　何年もまえ、うちの人たちといっしょにいたころのことです。

マルコム　おうちというのは？

マザーテレサ　ユーゴスラヴィアのスコピエ。まだ一二歳でした。……子どもはみんないっしょにカトリックではない学校に行っていましたが、とてもすぐれた神父さんたちもいて、子どもたちみんなが、それぞれに神からの招きに答えて召命に従うように助けていました。そのころ初めて、貧しい人のために働く召命があると知ったのでした。

マルコム　そのとき、自分の一生は、自分の楽しみのための一生ではなく、特別、神にささげた一生にしようと決めたのですね。

マザーテレサ　わたしは宣教師になりたかった。出かけていって、キリストのいのちを宣教国の人びとに持たせてあげたかった。そのころユーゴスラヴィアからも、何人かの宣教師がインドへ出かけていました。ロレットのシスターたちがカルカッタとかいろいろのところで働いているという話でした。ベンガルの宣教地区に行きたいと、わたしも申し出ました。

マルコム　一二歳の年から最終誓願のときまでのあいだに、こういうたいへんむずかしい生活をすることについて、疑問や、躊躇《ちゅうちょ》はありませんでしたか。

マザーテレサ　はじめ一二歳から一八歳までの間は、シスターにはなりたくないと思っていました。家庭はとてもしあわせでしたし。ところで一八歳のとき、家を離れて修道女になろうと決めて、それ以来、この四〇年のあいだ、これでよかったのかと、一秒たりともうたがったことはありませんでした。神のみこころだったのです。選んだのは、神さまでした。

マルコム　このことがあなたに全き平和と喜びを授けたというわけです。

マザーテレサ　だれも奪えない喜びです。疑いとかふしあわせに思ったことは一度もありませんでした。

(沢田和夫訳)

この記憶からさまざまなことが読み取れる。

マザーテレサの「貧しい人びと」に対する関心が非常に早くからはっきりしていたことがそのひとつである。

さらに重要なことは、彼女の自己決定に関する証言である。くわしく見てみよう。

一　「わたしは宣教師になりたかった」「家を離れて修道女になろうと決めて」という言い方にあ

らわれているように、自分自身の望み、自分自身の決断として表現されていること。

二 立ち去る家庭がとてもしあわせなものであったこと。つまり、しあわせな状態から出て行くほどに強く魅かれていること、そうして「だれも奪えない喜び」に入っていること。

三 自分の決定を「神の選び」と理解していること。

いいなおせば、この決定は辛い仕事を一身に引き受けようという悲壮な決意ではない。まして、誰かに外部から強制されたものではない。義務感ではない。魂の深みに神の力が注がれて「わたし」のいのちが花開くのを経験した。誤解を恐れずあえて言えば、マザーテレサはほんとうに〈好き〉でこの生き方を選んだと思われる。ただ、これは生涯が賭けられた「喜び」なのだ。

それにしても、「自分の自由な選択」であると同時にそれが「神の選び」であるとはどういうことか。その「喜び」とはどういうものか。ここに召命の秘密がある。そしてまた、人間存在の秘密を表現するものでもある。

自由について

アグネス＝ゴンジャの主体的な選びなのか、神の選びなのかという問題は見かけほど二者択一的なものではない。簡単にいえば、これは、アグネス＝ゴンジャが神の呼びかけを受け、自由に、その呼びかけに応えた、ということである。ここには、命令と服従ではなく呼びかけと応えの関係がある。だからこそ、それは神の選びであり、同時にマザーテレサ自身の主体的な選択である。一般に、呼びかけと応えの関係構造には人格の自由が前提となっているからである。どういうことか。このことをもうすこし詳しく見てみよう。

われわれは物体に対して呼びかけることはない。「明晩、食事にいらっしゃいませんか」と呼びかけるのは、われわれが「あなた」と呼ぶ相手に対してだけなのである。椅子ならば、ただこちらの好きなところに運んでくればよい。だが、「あなた」は私の誘いに応じることも断ることもできる、自由な主体である。呼びかけとは相手を自由な主体として認めている行為である。

しかし、この呼びかけは相手が誰でもかまわないし、来ても来なくてもかまわないという態度を意味するわけではない。相手が喜んで来てくれれば、うれしい。相手が私に強制されてではなく、また逆に私を無視するのではなく、私の招きに応えてくれることを期待する。ここに呼びかける側の選びがある。そして応える側にはその好意または信頼にむくいようとする姿勢がある。人格の自由はこの姿勢のとりかたの自発性にある。

日常生活で「自由」という言葉は実にいろいろな風に使われている。その用法について詳しく見るためには一冊の本が必要になるだろう。おおまかにいえば次のようである。

「鎖や束縛からの自由」と「行動決定への自由」のように、消極的か積極的かという線をひいて大別することもできる。ゴールデン-ウィークに何をしようかなと漠然と夢見る未決定つまり白紙のような自由もある。「選択の自由」は積極的な意志の自由に入るだろう。また「ロシア語を自由に話せる」「ギターを自由にひきこなす」という場合のように身についた能力についても、さらにカントの実践理性が要請する自発性の能力についても、自由という言葉が用いられる。

個人の自由と人格の自由

マザーテレサが神の呼びかけに応えたときの自由について考えるために、「個人の自由」と「人格の自由」の区別を考えたい。

まず「個人」と「人格」を区別してみる。

人は誰でもひとりの個人である。人格という言葉は、これもまた多義的に使われる。だから、いまここでは、ふたつの言葉を次の意味に用いることにきめておく。

「個人」は全体のなかの最小単位としての人をいう。いわば、皿のうえのグリーンピースのようにひとつずつ閉じた存在である。「人格」は、たとえばマルチン゠ブーバーの用語でいう〈我と汝〉の関係のなかにいる私、「汝に現前する、汝に開かれた我」である。「汝」とは、誰でもいい相手ではなくて、たとえば親友のようにかけがえのない在り方で我に向かう存在である。

つまり、いわゆる利害関係をこえた、その人がいることが私にとって恩寵であるような存在である。「汝」とかかわるときの「我」が「人格」である。だから、誰でも「個人」であり、また「人格」にもなりうる。そして二つは同じ在り方ではない。

この二種の在り方を理解するためには、フランスの哲学者、ガブリエル゠マルセルが行った「所有」

（もつこと）と「存在」（あること）との区別に注目することが役立つだろう。「自分はAという友だちをもっている」という言い方と「自分はAの友だちである」という言い方を思い比べてみよう。言い方の違いはささやかであるが、生き方、在り方の違いは大きい。「妻をもっている」と「自分は夫である」との在り方の違いといってもよい。

自分が「持つ」もの、例えば、セーター、車、財産、ひいきのティームなどは、あれこれと比較し判断して選べる、まさに選択の対象である。持ち物とは自分自身ではない、自分の外に自分から切り離されているものだから、自分の好きなように、つまり自由に処分できるものである。

個人はこのように自由選択をする。「友人を持つ」「妻を持つ」というときには、友も妻も自分の外に自分が「持つ」ものにすぎない。「もの」のように切り離しても自分は自分であって変わらない。「個人」は他者に閉じた在り方だから個人の他者との関係はこれに当たる。

「自分は夫である」という場合には自分の在り方を、妻との関係において存在する者として自覚する。「人格」は「汝」なしにはありえない存在の仕方である。人格として生きてはじめて、人間は誰かと通い合う喜びを知り、自分のなかに樹液のように共生するいのちがながれる喜びを知る。

実際、自分が「在るということ」は見つめようとするとめまいがするほどに不思議な根源的事実である。「在る」ということは、「もの」のように自分から切り離すことができない。だからまた人間が人間で「ある」ことも、持ち物のようには選択の対象にはならない。他の選択肢はないのである。他の生き物を見てみよう。たとえばアユは流れで泳ぐとき、カモメは大空を飛ぶときに、つまり本性のままに生き、活動できるときに最もいきいきして自由なのだ。そのもの本来の在り方で充実しているとき、自由を享受する。人間ならば、そのときに満たされた喜びを知る。

人間本来の在り方と喜び

では人間独自の在り方はどういうものだろうか。生物としてのヒトの条件がある。しかし、それが満たされただけでは、ヒトが人間になるわけではない。オタマジャクシが自然にカエルになるというふうには人間にはならない。人間はヒトとして生まれ、抱き上げられ、ほほえみかけ呼びかける人びとのかかわりのなかで成長する。人と人の間のかかわりのなかで、働きかけに応えることをとおして人間になる。応えることは自発的な行為だから、その意味では、自分で人間になることを選びとって人間になる。だから、人間としてのかかわりは物理・生物的な因果関係をこえるところで成り立つ。

呼びかけと応えにあらわされる人間関係をふりかえってみよう。人は呼びかけに自発的に応えるために、自分のわがままを制し、たがいに「あなた」と呼びかけあう関係を創造していくことをとおして、人間になる。「自分はAの友人である」ということができるようになる。このように、人間になると同時に、「Aの友人」として「わたし」になっていくとき、人間本来の在り方が充実する。そのようにして、ほんとうに自由な存在になるのではないか。

人格関係における自己創造によってこそ、人間の真の自由は実現される。聖書は、神が人間を自由な存在として創造されたと述べる。人間の前には道は開かれている、と。「道は開かれている」というのは、物の世界に通用するような選択ではなくこの自己創造への招きである。道は開かれていても、その道を進むかどうかは、その人の自発性にかかっているのだから。このように考えると、たとえば自分が飢えているときにでも食物を子供に与えることができるように、かなり困難な状況におかれていても因果関係をこえて勇気を奮い起こす能力が人間には備わっていることに思い当たる。人間独自の自由はそのような創造的成就において見いだされるのではないか。この場合、選択という言い方をするのであれば、それは勇気を奮い起こすか否かに関係することがらである。

アグネス=ゴンジャは、さきのインタヴューにあるように、自分の魂の深みに神の呼びかけを感じとって、それに心から応える決断をしたとき、人間が味わう、最も深い自由の喜びを味わったにちがいない。存在の次元において、本来の在り方で充実するときに、ひとは平和と喜びにみたされるからである。それに比べていえば、所有の次元では欲望の満足に際限がない。一つの望みがかなえられれば、すぐにもっと上のものが欲しくなることは人びとがすでに経験している。喜びについても、所有の世界のものと存在の世界のものとは異質なのだ。

アグネス=ゴンジャが神の選びに応えて修道者の道を歩き始めたとき、彼女は少女期を終えた。

修道生活

ロレット会修道女として

アイルランド、ダブリンのラスファルンハムにロレット修道会の本部がある。文書庫の記録にはアグネス＝ゴンジャについて次のように記している。

一九二八年一〇月一二日　入会志願者（ポスチュラント）として受け入れられた。
一九二八年一二月一日　修練を始めるためにインドに派遣された。
一九三一年五月二五日　ロレット修道会修道女として初誓願を立てた。
一九三七年五月二五日　終生誓願を立てた。

アグネス＝ゴンジャはダブリンでロレット会に入会し修練院で六週間を過ごした。その間、大部分の時間は英語を学ぶことに当てられた。若い二人の志願者の世話をしたのはインドで長年働いたことのある年配の修道女である。そこから本格的な修練のために布教地インドへと派遣された。一九二八年一二月のことである。冬の船旅は七週間かかった。スエズ運河、紅海をとおってインド洋をわたりついにベンガル湾に到着した。こうして二人は一九二九年一月にインドに到着し、ベンガル

ロレット修道院

州北部の、ヒマラヤをのぞむ美しいダージリンの修練院に送られた。その地で二年の修練期を終えて一九三一年に清貧、貞潔、従順の修道誓願を立てたのである。前にものべたように、この時アグネス＝ゴンジャはシスターテレサとなった。この修道名については後にのべる。

シスターテレサは、カルカッタ東部にあるエンタリーのロレット修道会経営の高等女学校に赴任して、地理と歴史を二〇年近くの間教えた。

ロレット修道会は一八四一年に最初の修道女をインド、カルカッタに送っていた。会は現在カルカッタに大学と六つの高校をもっている。女子の高等教育につくすその教育事業の評価は高い。ロレットの大学卒業生たちはインド各地で、教育や社会福祉事業にたずさわり、インド独立後は司法界においても活躍している。エンタリーの学校では、カルカッタの上流階級の娘たちも学べば、人種や出身地のさまざまな少女たちも教育を受けている。寄宿生には離婚家庭の娘や孤児も少なくはない。生徒たちの間には聖母マリアのコングリゲーション、聖母会があって、シスターテレサをインドへ引き寄せて来た同じ精神が生徒たちのなかに生きていた。

ところでエンタリーの学校は高い塀をめぐらせた広大な敷地のなかにある。正門からはよく手入れされた緑の芝生が広がっているのが見られる。だが、筆者がここを訪れた一九九二年には、この美しい学校をとりまいているのはスラム、町工場であり、近くにカルカッタでも最も人の乗り降りの激しい鉄道駅の操車場がある。埃で濁った空気に、ときおり周辺の製革工場から特別な臭いがただよってくる。かつて華麗な都であったカルカッタのスラム化がすすむなかで、この学校は、まるで貧しい地区のなかで浮き上がった別天地のように見える。

シスターテレサがここに赴任してきたのは、一九三一年、いまから六〇年以上前のことである。インドの首都は、すでにカルカッタからデリーに移され二〇年が経っていた。彼女はこのエンタリーの修道院に住んで、インドの少女たちの教育に献身した。生徒たちを愛し、生徒たちに慕われ、最後の数年間は校長の職にあった。それと同時に、ロレット修道会と姉妹関係にある聖アンナ修道女会の責任者としても働いた。この会はカルカッタにおいて設立され、ベンガル語を話し、市の内外で貧しい人びとの救護と教育にあたっている会である。

シスターテレサがカルカッタ市内とその周辺にいる大勢の貧しい人びとの様子に心を痛め始めたのはいつのことからなのか、はっきりとはしていない。しかし、この見捨てられた人びとの姿がシスターの心のなかをしだいに大きく占めていく。一九四一年から四七年まで、学校の聖母会でシスターテレサとともに働いてきたジュリアン＝ヘンリー神父は、彼女の生徒のなかで、スラムに行ったり病人を訪問したりしていた数人が、自分たちも修道者になってごく貧しい人びとのために働くことを希望しはじめていたことを証言している。

ロレットの壁の外で

シスターテレサがエンタリーの学校で教えていた間、インドは独立に向けて苦しい歩みを進めていた。マハトマ＝ガンディーがイギリス行政の象徴である塩税に抗議して、〈塩の行進〉を行ったのは一九三〇年、シスターテレサが当地についた翌年のことである。ガンディーは〈サティアーグラハ〉（真理の力、直訳すれば、真理にすがって）と名づける大衆的非暴力抵抗運動を全インド的に展開していった。しかし一九三九年、インドの民衆は第二次世界大戦の暴力にまきこまれていく。また、一九四三年のベンガルの飢饉は数百万人におよぶ餓死者を出した。カルカッタの街路は炊き出しのスープに群がる飢えた人びとであふれた。この飢饉は、一世紀前のアイルランドの飢饉の場合と同様に、民衆の記憶に深く刻み込まれるものとなった。

第二次大戦中、日本軍のビルマ侵攻にともなって、カルカッタは臨戦体制をとった。エンタリー校は接収されてブリティシュ野戦病院となり、寄宿舎は傷病兵の病室となった。ロレット修道会のシスターたちは生徒や孤児たちをつれて山地の方へ疎開した。だが、シスターテレサは責任者としてエンタリーにとどまった。一九四五年夏、第二次世界大戦は終結した。

一九四六年に、カルカッタはふたたび破滅的な打撃をこうむる。

インドの分割独立に先立ってヒンドゥー教徒とイスラム教徒との間に紛争が生じていたのである。こうしたなかで、全インドムスリム連盟が「直接行動の日」を八月一六日と宣言した。カルカッタ当局のイスラム指導者によって、「直接行動の日」の三日前に、当日を休日とすることが発表された。その意図は、ベンガル地方の住民を二分する二大宗教の教徒間の集団的な衝突を避けようとするものであったと思われる。しかし、マイダン公園で大集会が行われて、仕事から解放された大衆と分割のために興奮したイスラム教徒とが集まった。そして大集会が解散したとき、「直接行動の日」は集団的暴動へと爆発した。ひとたび、制御がはずれると、暴動は狂乱状態へと燃え上がり、四日間つづいて、カルカッタの街路を血の海にかえた。騒乱の街路はあらゆる機能が麻痺して、ただ破壊活動のみが荒れ狂った。食物や日常品の運送は完全にとまってしまった。

シスターテレサは校長としてこの事態に対応しなければならなかった。シスターは修道院の壁の外へと出て行った。そうして、インド独立の途上に出現した地獄絵のような出来事に直面した。

この日のことを彼女は後年、次のように語った。

「私は聖マリア‐エンタリーの学校から外へ出て行きました。寄宿舎に三〇〇人の生徒を抱えていて、何も食べるものがなかったのです。」

「私たちは街に出てはいけないことになっていました。でもかまわずに出ました。」

「そこで私は道に倒れている人たちを見ました。突き刺され、なぐられて、流れ出る血のなかで体が折れ曲がっていました。」

「私たちはそれまで、安全な壁のうしろにいました。暴動がおきていることはわかっていました。学校の壁を飛び越えて入ってくる人たちがありましたから。ヒンドゥーの人もイスラムの人も。」

「私たちの学校の敷地は、ちょうどイスラムの人びとの居住地とヒンドゥーの人びとの居住地に挟まれていました。私たちは飛び込んでくる人たちを受け入れて安全なところに逃げるのを助けました。」

「私は外に出てみて、はじめて、その人たちに襲いかかった死を見ました。」

「トラックに満載された兵士たちが私をストップしました。外出禁止で誰も外に出てはいけない、と。」

「危険をおかしても、出なければならなかった、と私は言いました。何も食べるもののない三〇〇人の生徒をかかえているのです。兵士たちは米をもっていました。彼らは私を学校まで送り返して、米袋をいくつかおいて行きました。」

この大虐殺の日とその余波を思い出すとき、彼女の顔は言いようのない悲しみでくもる。世の終わりとも思える日々の記録は、どれほどの暴力がこの街の根底をくつがえしたかを物語る。商店にはなかに人がいるまま、爆弾が打ちこまれる。下水道は、投げ込まれた死体であふれる。路上では男も女も刃物で突き刺されて、失血死するまで放置されている。内臓がはみだし、手足をもがれた体が溝にはまり、壁には髪の毛のまつわりついた脳髄がたたきつけられている。少なくとも五千人の人びとがこのようにして死に、一五万人の人びとが負傷した。死の街の上空をはげたかの群れが舞った。

シスター－テレサは修道生活への招きに応えてスコピエからこの街に遣わされて来た。そして、そこで人類の積年の文明が、狂信と憎悪と怨恨によって、どんなにもろく崩れ去るかを目の当たりにした。

彼女が「神の愛の宣教者会」創立の霊感を得るのは、この大虐殺の日のすぐ後である。しかし、この日の経験から決意したのかという問いに対して、彼女は明瞭に「否」と答えている。マザー－テレサの生涯の次の段階に入る前に、修道生活および誓願について簡単にのべておきたい。

修道者とは

アグネス＝ゴンジャは誓願を立ててシスター－テレサとして修道者の生活をつづけてきた。のちにベンガルの地で死に行く人の死を看とって世界中に知られるようになってからも、彼女は「私たちは、何よりもまず修道女です。社会事業家でもなければ、教師でも、看護婦でも、医者でもありません」と言っている。

修道者であるとはどのようなことか。簡単ながら考えを述べてみよう。主としてアドルフォ＝ニコラスの『希望の地平』を参照する。

兄ラザロに手紙で書いたように、アグネス＝ゴンジャは、全世界の王様つまりキリストに仕えるために家を出た。

修道者は、イエス＝キリストを愛するのでキリストに従い、ともに歩むことを願って修道誓願を立て、修道生活を生きる。一人の人間が生きるということは極めて奥深い、そして複雑な広がりをもったダイナミックな現実である。キリストに従い、ともに歩むということは、この深さと広さ、複雑さのすべてにおいてキリストがかかわりあいをもってくる生き方をすることである。キリストに根ざし、支えられ、さらにキリストに希望をおき、キリストに向かって行くことである。

しかし、キリストは二〇〇〇年前の過去の人ではないか。その過去の人に従い、ともに歩むとはどういうことか、と問われるかもしれない。その遺された模範に従うという解釈は正確ではない。キリストは過去の人、単なる思い出のなかの人ではないのだから。

ナザレトのイエスは十字架上で死んだ。二〇〇〇年前の出来事である。だが、その死後、キリストの霊が全宇宙に充満し、いまなお人びとにはたらきかけていることを、人びとは体験する。キリスト者としての根本的な体験である。それは生きる意味が自分にとって全く変わってしまうことである。では、何を体験するのであろうか。

生身の人間の誰でもがするように、日常の出来事に埋没して、あれこれのことに心を砕き、あるいは夢み、あるときは希望し、あるときは絶望したりしながら生活しているひとりの人間が、あるとき、一つの光、一つの声、一つの言葉に触れるということがある。その出会いは日常の経験のなかに吸収してしまうことのできない「何か」を、比較のしようのない確かさで感じさせる。それは、「生きる」ことがこの日常の時間のなかで過ぎて行く体験だけで終わるのではなく、この日常性を超える地平があり、それこそ、意味、光、求めるべきいのちであることを悟らせるような体験である。この、時間を超える愛、喜び、真理、希望があるということを、言葉にはうつし難い、しかし、たしかに感得したこととしてとらえ、その体験が自分の生き方全体に意味を与えるように思うのである。イグナチオ=ロヨラも、アシジのフランシスコも、その他無数の人びとが自分の生き方のなかでこの「何か」を、キリスト、神の体験として受けとめ、自分の生き方のなかでその神を求め続けながら歩もうと心に決め、そのように実際に歩んだ。ある学者はこのような体験を「〈聖〉なるものとの出会い」と表現している（ロナガン）。

前章でものべたことだが、神の呼びかけはその人の生き方の根源を揺さぶる。「わたし」という存在の最も深いところに触れる。その呼びかけに応えたいと熱望するとき、人は自分をとりまく世間の価値観も、それまでの自分の望み、職業をも捨てて、さらに自分自身をむなしくしても「あなたのみ旨」を求めつづける新しいいのちの道に出発する。「恋におちる」ことにたとえられるような生き方の転回である。

キリスト教の歴史を見ると、キリストの死の直後から現代にいたるまで、無数の男女がこの、生涯を左右するほどの重大な呼びかけを感じ、ほんとうに新しく生まれ変わり、新しい道へと出発している。その新しい生き方の具体的な在り方のひとつが、教会の長い伝統のなかで、ひとつのまとまった道として大切にされてきた修道生活である。

誓　願

ある時代に修道者がキリストを愛してキリストに従う道を歩むということは、逆にいえば、歴史の主である神が、人間の小ささ、貧しさをとおして、目にみえる姿、手で触れることのできる温かさ、耳に聞こえる声となることである。実際、教会の歴史のなかで、さまざまの修道会が、それぞれ、キリストの豊かさの一面をその時代にふさわしい形で証ししてきた。たとえば、深夜、世のために祈りを捧げる会、病人の看護をする会、孤児を育てる会、奴隷を贖うために身を捧げる会、教育の会……など。

しかし、あらゆる時代をとおして、またあらゆる形の修道会の在り方をとおして、修道者が大切に守ってきたことがある。修道誓願である。

ひとりの人間が神の呼びかけに応えるとき、それはただ短い「はい」であり、その応えは一つの躍動的な出来事である。自分を呼ばれた神の招きに、生き方全体をもって応えるために修道者は誓願というしるしをとおして自分を与えようとする。それはその人間全体をその「はい」に賭けて生きることになる。そのような在り方が、人間の命の深さ、広さ、複雑さにおいて具体的なものであるために、キリスト教会の歴史のなかで、無数の修道会において清貧、従順、貞潔の三つの誓願を立てて修道者が生きてきた。他の試みもあった。しかしながら、結局人間全体を賭けて生きるためには、この具体性が必要である。そのことを経験から体得した実例もある。現代、南フランスのテゼという所に宗派を超えた祈りの共同体を創始したロジャーとシュッツはその本のなかで次のようなことを書いている。

私たちは、伝統に左右されることなく全く白紙から始めたいと思った。ところが、生活を続けていくうちに、どうしても持っているものを共有にし、権威に服従し、独身を生き方としなければ、自分たちの召命を生き続けることができないと悟った。

どうして、そうなのか。修道者は現実の生活のなかの緊張のうちに、根本的な「はい」を実現するために神に向かって一歩ずつ、より深い信頼、より真実の愛を生き続けようとする。それは、この世の富と神、自分の望みと神のみ旨、自己中心の愛と神の愛という緊張を自分自身のうちに感じながらも、神の豊かないのちこそ力であり、喜びであり、希望そのものであることを、生活をとおしてあらわそうとすることである。

清貧

貧しさにおける人間と神との出会いには長い長い道程があった。

旧約の古い時代には貧しさは悪ないし罰とみなされていた。

ユダヤ民族は何世紀もの間、暗闇の体験を味わった。それをとおして貧しい人と貧しさに対する考え方は変貌していった。それは経済的な面の限界を超えて、霊的な考え方へと変わっていった。

紀元前七世紀の預言者ゼファニヤ（ソフォニア）は貧しさの理想を旧約聖書に次のように描き出した。神の選ばれた民は貧しい民。それは他人をうらやむことをせず、ものごとを複雑にすることもない人びと、ただ神に属し神は自分たちとともにあると感じている民。貧しい人は永遠のいのちを与える神の言葉を信頼し、神の言葉によって生き、その希望は自分を救った神にある。貧しい人は、忠実で柔和な心を持ち、謙遜で平和に満ちた希望の人、祈りの人である。

新約聖書は原始キリスト教会の姿を次のように伝えている。

信者はみな一致して生活し、すべてのものを共有していた。彼らは自分たちの資産と持ち物を売り、おのおの必要に応じて分け、また心を一つにして毎日神殿にまいり、家でパンをさき、喜

びと真心をもって食事をとっていた。（使徒言行録二・四四～四六）

神と人間の出会いの場である清貧は、何も持たないことに価値をおいているのではない。貧窮、貧困そのものではない。それは持っているものを分かち合い、共有し、仕えるために所有し、とくに貧しい人びとを愛する神の愛を、自身を与えることによって実現する貧しさである。それは謙遜な心、神へもどっていく心から生まれた貧しさであり、神にすべての信頼をおいて修道共同体に加わる貧しさである。

修道者は神の豊かさがあらわれる場、キリストのいのちがあらわれる場としての清貧を生きることを願う。それは物や名誉を失う恐れから解放された自由の表現でもあり、自由の源でもある。

貞　潔

修道者として独身を選ぶ動機には神との出会いの体験がある。

それは、目に見える現実を超えて、歴史と人間のいのちの中心に、すべてを満たしすべてに意味を与える地平があるということを見いだした体験である。いいかえれば、創造し、導き、光を与える生ける神との出会いである。この出会いは人間の存在を根底で揺さぶり心をとらえる。その結果、存在の全体が神に向かって開き、豊かな普遍的な愛にひきよせられ、それに開かれていく。修道者の独身の姿は、すべての人びとへの奉仕と教会のいのちを目に見える形であらわしながら、決して排他的、独占的なところをもたない在り方である。『創世記』には「人がひとりでいるのはよくない」と記されている。修道者の独身には、自分がひとりではないという体験がある。

孤立と孤独とは区別しておいたほうがよい。

フロムがいうように、孤立している人間は、物事や人びとに積極的にかかわることができない、つまり、外界からの働きかけに対応することができない無力な人である。このように孤立は強い不安を生む。

孤独の時間はきわめて豊かな価値をもっている。孤独は人間の深さ、沈黙、心の自由の源泉であり、また人間が自分自身と出会い、自分に問いかけ、自分を受け入れ同時に深めていく場である。キリストの生涯にもこの孤独がみられる。聖書は、キリストがしばしば孤独のなかに退いてひとり、父なる神に祈ったことを伝えている。

人間はその「わたし」の最も奥深いところで神と出会う。修道者は孤独のなかで出会った方のために、結婚生活を放棄する。そして自分の身体を神に対して全く開いた心の深さと豊かさのしるしとして生きる。

このようなわけで修道者は家族をもたないので、助けを必要としている人にはつねに近づけるような自由を生きている。これは最も必要な奉仕に対して開いているための根本的な条件である。愛から生まれる孤独の人は、強いられた孤立や愛のない孤独のなかにある人びとの仲間になることができる。その不安、悲しみに、信頼や温かさをもたらすことができるのである。
修道者は結婚生活とは別の愛し方を選んで、開かれた自由な愛を生きることを願うのである。

従　順

修道生活の従順は、いろいろな形で、会員みなが神のみ旨を深し求めて生きるという根本的姿勢のあらわれである。

すべてのうちにすべてをとおして働く神に心を開いて信頼しながら、神の導きに責任をもって応えていく。そうするとき、人は、きわめて躍動的で全存在的な生き方であると同時に、み旨に従っているという深い平和を底にたたえた生活を生きる。だから修道共同体では、いきいきとした自由に基づいた従順がめざされる。

言葉をかえていえば、修道者は、キリストの死にいたるまでの従順に倣おうとする。パウロはフィリッピ書において「キリストは……十字架の死にいたるまで従うものとなった」と書いた。この言葉の意味をカファレナは次のように解釈している。それは、ナザレトのイエスが、人間であることを、その明暗ともども父の招きとして受け入れたということである。非常にむずかしい状況の矛盾や対立のなかで生きなければならない預言者的な使命を受け入れたこと、つまり、その使命は彼を死に導き、その死は人間の救いのしるしとなる、その使命を受け入れたことを意味する、と。

キリストは人間としてこの世のただなかで生き、人びとの救いのために働いた。修道者の従順の目的もまた、歴史のなかで人びとに仕えることをとおして神の業に参加することである。さまざまな修道会はそれぞれ、前に触れたようにキリストの豊かさの一面を証しする使命を担い、それによって自分たちの根本的な生き方を具体的に定めている。だから実際に従順の生活を生きるとは、自分が招かれた修道共同体の使命に従って生きることになる。

達成すべき使命をもつという点から見ると修道共同体もまたひとつの組織である。一般に、組織には目的に応じてタテとヨコの関係があり、秩序がある。具体的な状況のなかで、人はひとりひとりが従順によって組織に結ばれ、多面的なかかわりをもち、一致が生み出される。では、一般的な組織、たとえば企業組織と修道共同体の組織の違いはどこにあるのだろうか。近ごろ産業社会の組織においては、個人が人間としてよりも、システムのなかで働く部品のようにみなされている傾向が指摘される。だが、修道共同体では、会員ひとりひとりが神に召された、かけがえのない人格であることを尊ぶ。また、ひとりひとりは長上をとおして語る神の言葉を聴こうとする。前述のロナガン風にいえば、恋におちた者が愛する人の言葉を聴きとろうとするように。そして、神が修道会において実現しようとする意図が、その修道共同体の細部にまで神の流儀で、ちょうど一本の樹のすべての枝に樹液がかようように、しっとりと行きとどいて共同体をひとつに生かす。ここに最も大きな違いがあると思われる。

実際、従順には人間の現実のあらゆる要素が入ってくる。従順は、単なる考え方にとどまらない具体的な生き方の姿勢である。生涯の長い道程をとおして人は、修道生活に招く神に従うことを決断したときの、根本的な「はい」の原体験を再現していく。修道的従順は、この根本的な「はい」に基づいて、毎日の日常の行為を神に向けて方向づけていくことにある。

では、シスターテレサの生き方のうちに、従順の実例を見てみよう。

第二の召命

シスターテレサはカルカッタを襲った大虐殺の日のあと、再び、大きな体験をする。のちに彼女は、この日とこの状況とを明瞭に記録にとどめている。

「一九四六年の九月一〇日、ダージリンへ行く汽車のなかで、私は神の召し出しの声を聞きました」。ダージリンへ。それは誓願を立てた修練院のある土地へ黙想に行く途中のことであった。修道者はどの会に属していても普通、年に一度、八日間の黙想を行う。日常の仕事・生活から離れて沈黙のうちに祈りのときを過ごすのである。彼女はダージリンへ黙想に行く汽車のなかで、神が魂の深みに呼びかけるのを聞いた。メッセージは全くはっきりしていたと言う。それは「すべてを捧げてスラム街にまであのお方、キリストに従い、貧しい人のなかで、その方に仕えるという招き」であった。それは今の修道院を出て、貧しい人びととともに住むことを意味している。

彼女はすでに修道生活に召されていた。そのことに関して全く揺るぎはなかった。それとともに、このキリストに従う道において、今はひとつの明確な、別の奉仕をするように呼ばれていることを知った。キリストが彼女に、貧しい人びとのなかでも、もっとも貧しい人びと、スラムに住む人びと、捨てられた人びと、家のない人びとのなかで仕えることを望まれたことを感得したのである。いわば修道生活への召命のなかのさらなる召命であった。

シスターテレサは、キリストに従う道のひとつとしての教育修道会の使命の重要さをよく知っていた。そしてロレットを心から愛していた。しかし、自分をロレット会に召してインドへと導いて来た、その同じ方によって今、さらに特別の道に召されていることを確信した。この神の呼びかけに、全身全霊をもって「はい」と答えた。彼女は、どのようにそれが成就されるのかは知らなかったが限りない信仰をもって神に服従した。

従順の根源的な「はい」が苦しみを伴わないわけではない。後年、マザーテレサとよばれるようになってから、彼女はヘンリー神父に次のようにのべている。

> ロレットを出たことは、私の一番大きな犠牲でした。一生のうちで一番大きな犠牲でした。修道院に入るために私の家族や国を離れるより、もっとむずかしいことでした。ロレットは私にとってかけがえのないものでした。ロレットで私は霊的な養成を受けて、修道女になったのです。その会で私はイエスに身を献げました。私は、生徒を教えるのが大好きでした。

これは、およそ自分の個人的なことに気をとめず、他人がそれに注意を払うことをも好まないマザーテレサが私的な感情をもらした、ほとんど唯一のことがらと思われる。しかしこの言葉は、召命に応えるのがどういうことかを示す貴重な証言である。それまでの生き方に対して不満だったからでも、そこから脱出したかったためでもなく、ただキリストに従うために、今までの生き方から旅立つことである。根源的な「はい」は、喜び、苦しみ、困難、不安、生も死をも含む人間の全体に対する神の要求に「はい」を言うことである。

神のみ旨に従う決意を実行に移すことは並たいていでない困難を解決していくことになる。「わたしは自分の行くべきところはわかったのです。けれども、どのようにしてそこに行くかは知りませんでした。」一九四六年に神の呼びかけを受けてから、ロレット会を離れるまでに、二年の歳月が必要であった。新しい使命に応じて新しい修道生活の仕方を定めて会憲をつくり、教会から修道会として認可されるのに、さらに二年を必要とした。その会憲には清貧、貞潔、従順に加えて第四の誓願、「心を尽くして、貧しい人のなかでもっとも貧しい人びとに仕えること」が定められている。第二の召命に応えてマザーテレサがどのように行動したかは次の章にのべよう。

新しい修道会、「神の愛の宣教者会」の修道女たちは一九四六年九月一〇日を「インスピレーションの日」つまり内なる招きを聞いた日として記念する。修道会が真に始まった日はこの日だからである。この新しい修道会は、ロレット修道会を母胎として生まれ出た。

II　貧しき者への旅立ち

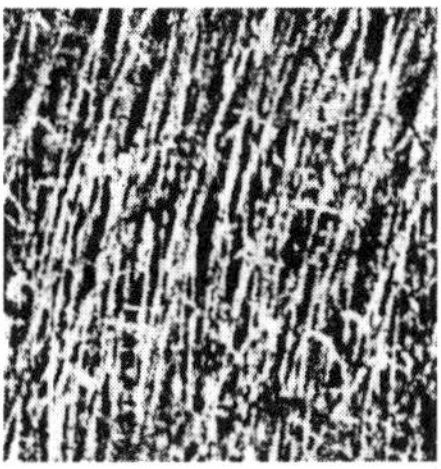

神の愛の宣教者会

新しい修道会

この新しい修道会はダージリン行のおもちゃのような汽車のなかで誕生した。ロレット会修道女、シスターテレサが神の呼びかけを受けそれに応える決心をしたときのことである。しかしそのような決心を実行に移すためには、彼女は自分が属している修道会を出て、新しい会を設立しなければならなかった。

このときシスターテレサの行く手に広がっていたのは、さながら地図のない異国のようであった。越えるべき山が打ち重なっていた。だが彼女は着実に歩みをすすめて行った。この歩みを導いたのは、べサを基礎とする神への忠実さであった。

第一歩として彼女は教会の権威者であるカルカッタの大司教と、ロレット修道会の長上とに新しい召命を打ち明けてその承認と祝福とを願った。このような場合に通常、教会の権威者たちは次の二つの点を明らかにするように努力する。ひとつは、これがもっとも大事なことだが、この霊感が神から出ているかどうかということ、他のひとつは、計画が夢想的なものではなく、実現の可能性のあるものかどうかということを確かめるのである。カルカッタの大司教はシスターテレサに直接、自身で会って、彼女がことの次第を語る言葉に注意深く耳を傾けた。そしてこの修道女が謙遜で従順で忠実であることを感じとった。シスターに会って大司教はこの考えが神から来ていることに確信をもった。

計画実現の可能性については二重の困難があった。

第一に政治的なむずかしさがあった。それは当時の、インド独立前後の、国家的意識の非常に高まった雰囲気とものの考え方から来ていた。大司教は、一九三八年以来カルカッタ教区で働いているヘンリー神父の意見をたずねた。

「ヨーロッパ出身の女性がインドのサリーを着て、ベンガルの少女たちの先頭にたって、スラムで一番貧しい人びとのなかに働きに行くのはどんなものでしょう。受け入れられるでしょうか。」

「疑いもなくこれは賭けのようなものです。反対を引き起こす危険は十分あります。」

大司教は賭けをした。ヘンリー神父のその時の大司教の言葉を記憶している。「それが必要だったら、神は祝福されるでしょう。」

第二の困難は教会の方針にあった。教皇庁は女子修道会が不必要に増加することを望んではいなかった。だから、ある司教が自分の教区に新修道会をひとつ創立しようとして認可を申請する際には、そこに同じ仕事をする他の会がないことを示さなければならなかった。ここでことはむずかしくなる。カルカッタ大司教区にはすでに、前にも触れたように、聖アンナ修道女会があって、貧しい人びとの救護と教育に献身していたからである。この修道会にはその伝統、独自の活動と方法があった。一方、シスターテレサは与えられた霊感に従って、新しく修道女たちを養成することを望んだ。そして大司教は神の手がそこに働いているという確信をもった。

次にシスターテレサはロレット修道会総長の許可を得て、教皇あての手紙に彼女の召命をのべ、修道院の外に住むことが認められるように願った。それは彼女がロレット修道会で修道者として終生誓願を立てていたからである。教皇ピオ一二世からは大司教をとおして返事が送られて来た。それは、ロレット修道院から出て、修道院外の修道女であることができること、つまりカルカッタの大司教のもとに服従しながら修道者の生活をすることが許されることを伝えるものであった。一九四八年四月一二日の日付であった。

最初の困難はこのようにして越えられた。

ロレット会からの旅立ち

ヘンリー神父は一枚の写真を大切に保存している。それはロレット修道会の黒と白の修道服を着て数本の木と低い塀を背景に慎ましく立っているシスターテレサの姿である。その写真の裏にはヘンリー神父の筆跡で次のように記されている。

「一九四八年八月一六日、テレサ校長はエンタリーのセント・メリー校を去って、パトナへ行く。これからの一生をカルカッタのスラムに住む貧しい人びとのために捧げるつもりである。この困難な仕事をするため、彼女は聖母の汚れなき御心に自分の信頼のすべてを託す。」

一九四八年八月一六日、シスターテレサはふちに水色の線のある白いサリーを身にまとい肩に小さな十字架をつけた。白と水色はカトリック典礼で聖母をあらわす色である。彼女はこうして信仰のみに支えられてカルカッタの夜に歩み出した。ひとりであった。

ロレット修道会を去るシスターテレサの犠牲は大きい。だが同時に、彼女を送り出したロレット修道会がはらった犠牲も大きいものであったにちがいない。後年、彼女がロレット修道院を出るときのことを質問した人に答えて、マザーテレサは修道院の皆が本当によく理解して、協力的であったことを感謝している。ロレット修道会とマザーテレサの間の絆は、今もしっかりと保たれている。ダブリンにあるロレット本部の文書庫には彼女の手紙が大切に保存されているが、それによると、マザーテレサはたびたび、ロレット修道会に、新しい会の状況を知らせ、あわせて修道女たちの祈りを願っているのである。ロレット修道会がどのようにこの願いに応えたかについては、後にのべる。

パトナにて

シスターテレサはカルカッタを出て、まずガンジス（ガンガー）河のほとりのパトナへ行った。パトナはベンガル州の西隣、ビハール州の州都である。カルカッタから現在の急行列車で一〇時間三〇分の距離にある。

そこにはひとつの医療宣教修道女会があった。シスターテレサはそこへ向かって行った。「それまで私は教師だけしていましたが、教えることでは、今度の仕事は始められませんでした。家庭に入り込んでいって、子供や病人を看ることから始めなければならなかったのですから。」シスターテレサは、数カ月の間、その修道会付属の病院と野外診療所で看護学と野外施薬所経営について学んだ。さまざまな人間の苦しみの実態に直接、手を触れる経験であった。

彼女はここで、すばらしい人たちに出会っている。

医療宣教修道女会の創立者、マザーデンゲルはオーストリア、チロル生まれの女医である。一九一九年にインドにわたり、人間の苦しみのどん底、その最も暗い部分に触れた。この地の必要に迫られて修道会を創設し、会の総長としてシスターを育てた。全くの手ぶらで新しい修道会を始めようとしているシスターテレサにとって、この会のシスターたちはこの上ない理解者、同情者であった。そして豊かな経験に基づいて、非常に聡明なアドヴァイスを与えた。たとえば、修道院の食事について。シスターテレサは、最も貧しい人びとと同じような衣食住を実行することを考えていた。そのようにして貧しい人びとともに生きながら人びとの心の渇き、魂の飢えを満たすことを理想としていた。彼女が会の修道女たちの食事はベンガル地方で最も粗末とみなされている米と塩にするつもりだと言ったとき、マザーデンゲルのシスターたちは、それは大きな罪をおかすことになると告げた。「何の栄養もなしにどうして働けますか。極貧の人たちは、ほとんど働けなくて病気になって若死にします。あなたは若い修道女たちが同じようになってもよいのですか。それとも、みなが健康でキリストのために働けるように望むのですか。」シスターテレサはこの忠告を受け入れ、謙虚に自分の計画を変えた。

だから「神の愛の宣教者会」の修道女たちは、創立当初から今も、簡単なしかし栄養のある食事をとって、元気よく働いている。

もう一人はジャクリーヌ＝ド＝デッカー、若いベルギーの女性である。シスターテレサは、この人に聖家族病院で出会って自分の計画を話した。彼女はこの新しい修道会にはいることを切望したが、健康がそれを許さなかった。しかし、この女性との交流、この女性の祈りがどれほどマザーテレサにとって大きなものであるかは、後年、マザーがド＝デッカー嬢を「もう一人のわたし」とよんでいることからも推し量られる。彼女は一七回もの手術を受けねばならないほどの身体であるが、その苦しみと祈りを全く「神の愛の宣教者会」のために献げている。はじめはインドで、やがてベルギーに戻り、数百人の病者を組織して、祈りと苦しみを献げる連帯の輪をつくっている。

この二つの側面からの助けが「神の愛の宣教者会」の種子を育てた。

数カ月のパトナの滞在は短い。しかし、「神の愛の宣教者会」の創立のためには、まことに意義の大きな日々であった。それはこの地で、「貧しい人のなかの最も貧しい人びとに仕える」という、会の根本的な霊感をひとつの霊性にまで深め、かつ現実に具体化していく道が見いだされた、と思われるからである。極貧の人びとの真の願望は、身体の必要を満たすところにとどまらないで、心と魂の渇きをいやすことにある。シスターテレサにおいて、その渇きは十字架上で苦しむキリストの渇きとひとつになった。

限界とみえる状況にある人間の姿に接する経験はパトナで重ねられた。

パトナは聖河ガンジスの南岸に沿って東西にひろがる都市である。ガンジスは対岸さえさだかには見えない大河、圧倒的な水量で流れるその河は、ごく低い、人間の耳には聞きとれないほど長い波長の音を響かせながら流れつづける。インドの色すべてを溶かしこんで黄土色となった河水はゆっくりと流れつづける。河岸のこの地パトナに人が住み着いたのはいつごろのことであったのだろう。この地に、紀元前五世紀にはすでに、マガダ国の首都となるべく建設された町があったという。それがこの州都の前身である。現在、インドで最も貧しい州といわれるこのビハール州は古い精神文化の遺跡をもつ土地でもあるのだ。

シスターテレサの新しい会の準備は、このような土地パトナでととのった。

最初の学校と神父たち

シスターテレサはカルカッタに戻った。一九四八年一二月のある日、ヘンリー神父はその司祭館に彼女の訪問を受けた。彼女は神父にモティジルというスラムの場所を質問した。カルカッタに長く住みながら、全く土地不案内だったのである。

当時、修道女は修道会の仕事の上で必要とされるのでなければ、たとえば黙想に行くときや転任の場合のほか、あまり外出することがなかった。モティジルは彼女が長く教えていたエンタリーの学校のすぐ裏にあって、聖母会の生徒たちはそこを訪問していた。だからその名を聞いていても、シスター自身はそのスラムがそこことは知らなかったのである。

神父に教えられ、シスターはそのスラムでひとつの空部屋を見つけて、ひと月五ルピーで借りる話をつけた。これが会の最初の学校となった。

ヘンリー神父はこの学校の思い出を次のように語る。

翌日、私がモティジルを通っていますと、ベンガル語のアルファベットを繰り返し、繰り返し教えている声がしましたので、その部屋をのぞいてみると、マザーテレサ（会の総長としてマザーテレサとよばれるようになるのは後のことだが、混乱をさけるため、今後はマザーテレサと記すことにする）が、二、三人の子供たちを教えていたのでした。テーブルも椅子も黒板もチョークもないので、土のうえに棒切れで字を書いていました。それがすむと、道を掃除していた男たちのところへ行って、家族のことや病人のことをたずねていた。

たったひとりの会の最初の仕事はこのようにしてみすぼらしい掘建て小屋で始まった。

イエズス会士、エドワード＝ル＝ジョリ神父がマザーテレサを知ったのは、このころのことである。神父は後に会の霊的指導者として修道女たちを教え、またマザーテレサと霊的なことがら、仕事、修道院の新設などについていろいろと話し合うことになる人である。

神父は、会の草創期にマザーのやり方から受けた印象を書きとどめている。最初の小さい学校、インド風寺子屋でマザーがアルファベットを教えるかたわら、子供たちの髪を洗ったり梳《す》いたり、昼にミルクを飲ませ、褒美《ほうび》に石鹼を与えているのを見て、こう考えた。「全体があわれで、馬鹿げている。」経済学教授として神父は、限られた資源から最大の結果を引き出すことを良しとしていたからである。かなり有名な高校の前校長が、将来は本など読みそうもない子供に字を習わせ、一生涯、石鹼など買えない子供にその使い方を教えるなどのことは、全く不合理だ、と。

しかし、マザーはそうは考えなかったし、おそらく神もそう考えなかったと思われる。彼女の会の仕事の仕方をとおして見れば、それがわかる。彼女は人間を相手にして「効率のよさ」などを問題にはしなかった。自分の手で子供の身体を洗ってやるという「馬鹿げたこと」をしつづけた。そうして彼女の会はまことに稀にみるスピードで全世界に広がっていったのであるから。

この時期、マザーは「貧者の小さい姉妹会」のもとに身を寄せていた。モティジルから歩いて一時間のところにある。この会の創立者、ジョアン＝ジュガンというフランス人女性とマザーテレサは多くの共通点をもっていた。この会は二〇〇人ほどの貧しい老人を世話するホームを経営していたが、清貧を独特の仕方で生きて、資金も、定収入もなく、銀行預金をもつこともしなかった。修道女たちは毎日施しを受けにでかけるのである。

マザーテレサが、全く貧しく生きるとはどのようなことかを身をもって体験したのはこの時のことと思われる。

彼女が属していたロレット修道会は中・上流階級の子女のために教育環境をととのえ、社会的にも安定して教育に専念している会である。パトナの医療宣教修道女会は病院を経営する以上、経済的にも先の見通しを立てていなければならない。貧者の小さい姉妹会は謙遜と愛とに満ちた、しかし明日の保証のない生活をしていた。マザーはカルカッタの日々をこのように生き始めた。

しかし、マザーテレサがスラムの人びとにただちに受け入れられたわけではない。彼女は、はじめ自分は全く役に立たない人間で、思い立った仕事に不向きだという考えに打ちのめされることもあった。だが、彼女の特徴は神にすべてを委ねるところにある。ル＝ジョリ神父はこのころのマザーの祈りを伝えている。

主よ、すべてはあなたのためです。どうぞ私をお使いください。あなたは、わたしを、わたしが役に立っていた修道院から引き出されたのです。今、あなたが望まれるように、わたしをお導きください。

この時期すでに不思議なほど、じつに多くのすぐれた人びとが、ほとんど無名の、そして空手の彼女を支えている。前にのべたカルカッタ大司教ペリエ師をはじめ、ヘンリー神父、ル＝ジョリ神父、そしてヴァン＝エクセン神父である。学識の豊かなこの神父が会の創立のために果たした役割は後にのべるが、一九四九年のこの時、ヴァン＝エクセン神父はマザーテレサのために住む場所を探しまわった。「泥土小屋でも掘建て小屋でもいいから、質素でかんたんな家で、なるべくスラムに近い所にひとつほしいのです。ないでしょうか。」こうしてマザーはマイケル＝ゴメス家の二階に移り住んだ。一九四九年二月のことである。

最初の入会志願者たち

複数の人間が集まってひとつの会となる。この点からいえば、マザーテレサの会はマイケル＝ゴメスの家で始まったということになる。入会を志願する女性たちが訪ねてきたのは、ここだからである。

ゴメス家はカルカッタの街の中心部に近いクリーク－レーン通りにある。スラムに行くにも便利な場所である。人間のひしめくカルカッタのまっただなかにありながら、昔ながらの静けさと落ち着きを残す、すっきりした住宅地である。ヴァン＝エクセン神父は、最初、この部屋は良過ぎてとてもマザーの好みに合わない、それに大きすぎると考えた。だが、熱心なクリスチャンであるこの家の主は「神様の仕事をする人」に来てもらうことをのぞんだ。実際、少しも大きすぎはしなかったのである。志願者が次々と現れて、やがてこのゴメス家の二階に二八人ものシスターが住むことになった。

一九四九年三月一九日、最初の志願者がマザーの戸をたたいた。かぼそい、若い女性だった。

「マザー、わたしはあなたのお仲間にしていただきたくて参りました。」

「とても厳しい生活ですけれど、大丈夫ですか。」

彼女はそれを覚悟していた。スバシニ＝ダスはエンタリー校でのマザーの生徒であった。彼女はマザーをよく理解していた。後に、誓願を立てて修道名を受けるとき、彼女はマザーの洗礼名アグネスを選んでいる。シスターアグネスは無口で、また、どんな場合にも自分に光が当たるのを避ける人であるが、マザーの補佐役として、必要な場合にはマザーの代理として現在まで修道会を支えている。

シスターアグネスの入会後、数週間たったころ二人目の志願者が現れ、すぐまた、三人目がつづいた。二〇年後マルコム＝マゲッリッジのインタヴューに答えて、マザーは、「初めの一〇人はみな学校でわたしが教えたことのある人たちでした。ひとりまたひとり、自分を神に渡しきって、貧しい人のなかのいちばん貧しい人びとに仕えることにしたのです」と言っている。会の最初の核はロレット、エンタリー出身の人たちで形成された。つまり、インド良家の娘たちが、明日のパンの保証もない生活をしながらスラムで働くことを始めたのである。これはカースト、階級制度の厳しい

スラムのなかへ　沖守弘氏提供

インドではおよそ考えられないことであった。

どのように始めたのか。この時期にヨーロッパの友人にあてたマザーの手紙から引用してみよう。

わたしたちは、五つのスラムに二、三時間ずつ行きます。なんという苦しみがありますことか。そこに、イエスをお連れするには、私たちの人数は少なすぎます。シスターたちが来ると、みんな大喜びです。はだかでも、よごれていても、愛情深い人たちです。どうぞお祈りください。たくさんのシスターたちをくださるようにマリアにおたのみください。もし、わたしたちが二〇人でしたら、カルカッタだけでもたくさんの仕事ができます。

（一九四九年五月）

もし神のみ旨ならば、この小さな会の修道女たちが聖徳のなかに成長し、数がふえるようにお祈りください。たくさんすることがあります。今は五人ですが、もっとふえれば、カルカッタのいろいろなスラム街にわたしたちのセンターをつくり、そこから主の愛を四方へ発散させることができるようになるでしょう。

（一九四九年一一月）

施薬所のお医者さんと看護婦さんたちはほんとうにすばらしいです。病人たちを世話する態度は、まるで王様でも世話するようにていねいです。

（同上）

スラムでは、子供が歌うのが聞こえるようになりました。シスターがくると、ニコニコします。親たちも子供を大切するようになりました。こうなってほしいと願っていたことなので、神に感謝します。

（同上）

今、わたしたちの仲間は七人になりました。二、三日のうちに八人になるはずです。一二月一八日に、わたしたちの小聖堂が祝別されました。仕事はだんだん形ができてきました。わたしが神のご計画を実現できますようにお祈りください。

（一九五〇年初頭）

マザーがカルカッタへ戻ってから一年あまり、つまり会の発端について、これらの手紙は貴重な証言を与えている。

最初の一年でほぼ会の形ができたという、事実。
彼女が「こうなってほしい」と願った事柄が何であったかという、霊性の素描。
実際、マザーの手紙は具体的なやさしい言葉で彼女が何に目標をおいているかを語っている。素朴でまことに平凡に見える事柄だが、それはキリストがそこに在ってこそ実現する状況である。そのために若い女性たちが、それぞれの富裕な美しい家庭を出て一生を献げている。マザーテレサと会の修道女たちのこの価値観は、後に世界中の関心をあつめ栄誉を得るようになっても、全く変わっていない。

「施しによってやって来られました」

ところで資金も収入も全く持たない修道女たちがどのようにして食物を得、スラムでそれを分けることができたのか。食物を集めて回ったのである。「あの頃はマザーが空き缶を持って、教区の人びとに『食べ物を捨てないで下さい』と頼んでいました。シスターたちも同じように空き缶を持って残飯をもらって歩き、それを貧しい人びとに分けました。一軒一軒回って歩いたものです。」「すべてのことは、人びとの施しによってやって来られました。神さまが人びとの心に触れ、その人たちが、いろいろのものを持ってわたしたちのところに来てくれるのです。」施しは物質的なものだけに限られない。すでに、医師や看護婦のような人びとが手助けをしていることが、マザーの手紙からうかがえる。

残り物を集め、また施しをよろこんで受けること、そして、分けること。このやり方は今日までつづいている。

一九九一年パリで筆者が見た風景は次のようなものであった。パリのリオン駅のすぐそばにマザーの会の家がある。一階は広い土間と台所、二階は二つの食堂と洗い場にわかれている。食堂では無言の、国籍不明の男たちがぎっしりと座って朝食をとる。テーブルには、ところどころに水差しとパンを盛った籠がおかれている。パンはリオン駅から前日のTGV（フランス国営新幹線）食堂キッチンのまっさらの残り物を受けてくるのである。実だくさんのスープと野菜サラダの材料はどこからか送られてくる。シスターたちは数人のボランティアの人びととともに汗だくで料理をし、食卓の世話をする。こうしてここでパリの五〇〇人もの路上生活者がかなり上等の朝食をとる。そこには不思議にやすらいだ雰囲気がただよっていた。地上のどこからか食物が集まって来て飢えた人びとを養う。この人びとはまたどこかへと出て行く。これが毎日のことである。

ゴメス家の二階は、会の修道女にとって聖書に記されたセナクル、つまりキリストが最後の晩餐をとった広間のような場所になった。キリストはその広間で受難の前夜、そこで一二人の弟子たちに向かって、自分の使命について語り、ともに祈り、パンとブドウ酒を分かち、弟子たちをその使命のために準備した。キリストの死と復活の後、弟子たちはこの広間に集まり、ミサを献げ、ともに祈った。

ゴメス家の二階の広間では、毎朝ミサが献げられ、一日中、聖なる雰囲気がただよっていた。シスターたちはこの部屋で一緒に祈り、そしていっしょに生活した。勉強し、食事し、話し、歌い、遊び、そしてここで眠るのである。

マザーは入会を希望する人たちに、キリストと一致して生きる祈りと奉仕の生活の原則および実践の仕方を教えた。とりわけ、貧しい病人たちにどのように接しなければならないかを身をもって手ほどきした。そのような人びとのなかには、結核、ハンセン病、象皮病、性病、腫瘍《しゅよう》で苦しむ人たちがいた。マザーはこの病人たちを、キリストに接するように世話したのである。

夜、若いシスターたちが眠りについてから、マザーは小さな机でおそくまで書きものをした。手紙を書き、また新しい修道会のための会憲の草案を準備した。ひざまずいて祈り、それからシスターたちのかたわらで眠った。

修道会の会憲

新しい修道会が正式に発足するためには、あらかじめ、会の組織と目的、会則が定められ、ローマ教皇庁の承認を得ることが必要である。

マザーは最初に、この会の目的を明らかにする。それは、彼女がダージリンへの道で内なる招きを受けた日に示されたものである。会のすべてはこの目的を実行に移すための組織であり、方法であった。

聖堂の祈り　沖守弘氏提供

会憲の法的、組織的な面でマザーを助けたのはヴァン＝エクセン神父である。教会法の専門家であり、神学者である神父は、会憲というものに定められていなければならない条項、また、教皇庁が受け容れない事柄を承知していた。たとえば、マザーは土地や家屋を所有することを望まなかった。しかし、これを会憲として規定することは、不可能なことであった。同じことを望んで教会から許されなかったアシジの聖フランシスコの先例もある。彼もまた、貧しさに徹底するために、修道者が住む家を所有することを禁じたかったが、教皇庁は実際的な理由からそれを許さなかったのである。

一九五〇年一〇月、ロザリオの祝日に、マザーは、貧しい人のなかでもっとも貧しい人びとに奉仕する新しい修道女会を創立する正式の許可をローマから受けとった。

ペリエ大司教が小さな聖堂でミサをあげ、ヴァン＝エクセン神父がローマから送られてきた教皇の勅書を読み上げた。それは神の愛の宣教者修道女会の創立を認可し、その目的を承認するものであった。マザーと若いシスターたちは喜びにあふれて神に感謝し、賛美の歌を歌った。マザーがロレット会を離れて二年二カ月のちのことであった。

マザーの魂は会憲に書き込まれている。

わたしたちの目的は、十字架上のイエス＝キリストの無限の渇き、人びとへの愛の渇きをいやすことにある。そのために福音的勧告を守り、会憲に従って貧しい人のなかで最も貧しい人に、心をこめて無償で仕えることを公けにする。

神の愛の宣教者会とよばれるわたしたちの会は活動部と観想部からなる国際的な宗教家族である。

わたしたちは、物質的および精神的に貧しい人のなかのもっと貧しい人の苦悩する姿をとられるイエスを愛し、イエスに仕えて、この人びとが神の似姿を取り戻すことができるように働く。

身を低くされたイエスに従いつつ、教会のなかのわたしたちの特別な使命を果たすために、わたしたちは底辺に密着する立場をとりつづける。

＊最も貧しい人、低められた人に寄せられたキリストの思いを自分のものとして生きることに

よって

＊物質面であれ精神面であれ、この人びとが必要としているすべてのことに、応急の、しかし効果的な奉仕をし、この人びとがもっと良い、永続的な仕方で助けられる時までそれを続けることによって

わたしたちの会の、霊的および使徒的な成熟は次のことにかかっている。

＊わたしたちの使命を果たす際には、単純で平凡低度な手段を慎重に選ぶこと。

＊貧しい人のなかの最も貧しい人のあいだで働く目立たない仕事を喜んで忠実に行うこと。それはキリストがこのうえなくご自身を低め、己を空しくして生きられたように生きることから来る。そしてわたしたちが仕える貧しい人に自分を同一化し、その人びとの貧困と運命を、痛みを感じるまで、分かちもつことにわたしたちを導く。

＊わたしたちの必要とするあらゆることについては、神の摂理に完全に委ねること。

さて会憲は総長をマザーとよぶことを規定した。シスターテレサが正式にマザーテレサとなるのはこの規定による。次に修道名について一言しておく。

アグネス゠ゴンジャがテレサという修道名を得たのは、一九三一年、初誓願のときである。そのときから彼女はシスターテレサとよばれるようになった。

大聖テレサと〈小さき花のテレサ〉

テレサとはどういう名か。教会史上、二人の聖女テレサが名高い。一人は大聖テレサまたは〈イエスのテレサ〉として知られる一六世紀スペインのカルメル会修道女であり、他のひとりは〈幼きイエスのテレーズ〉または〈小さき花のテレーズ〉とよばれる一九世紀フランスのカルメル会修道女である。のちにアグネス゠ゴンジャがマザーテレサとよばれるようになってから、その修道名について、「ふたりの聖テレサのうちどちらにあやかろうと思ったのですか」とたずねた人があった。マザーは「小さき花」と答えた。修道名とする聖人の名前について少し説明しよう。

大聖テレサ（一五一五〜八二）は、ベルニーニがあの〈テレサの法悦《ほうえつ》〉という大理石像に刻んだ人。神秘的なキリスト体験から修道生活の刷新を始め、生前に一六の女子修道院をスペインに創立した。ここから神観想のカルメル会的霊性が全世界にひろがっていった。

〈小さき花のテレーズ〉（一八七三〜九七）は一五歳でフランス、リジューのカルメル会修道院に入り、二四歳で肺結核のために亡くなった修道女である。九年間の修道生活のあいだ、外面的にめざましいことは何もしていない。ただ、全世界の救いのために自分を捧げ、世間に閉ざされた禁域のなかで目立たない観想と深い愛の生活を送った。その死後に公表された自叙伝『小さき花』は全世界に大きな感動をよんだ。一九二五年にこの修道女を列聖するさい、時の教皇は聖女を宣教者の保護者と宣言した。

「わたしの保護の聖人は小さいテレサです」

さて、マザーテレサと小さいテレサとはあまりにもかけ離れているように見える。マザーは中年から新しい仕事について無数の修道院を設立し世界中をかけまわっている。小さいテレサはリジューの修道院から一歩も出ることなく、世に知られることなく若いいのちを終えた。この表面的な違いからこの二人の間のつながりは見落とされがちである。たとえば、ル＝ジョリ神父（この人はカルカッタに住み、マザーとその修道会を初めのころからよく識り、たがいに深く信頼しあっている人である）は、ある年の一〇月、大聖テレサの祝日にマザーに祝いを述べてこう言った。「あなたは、小さくてチャーミングなテレサではなくて、この大きいテレサです。偉大なテレサの弟子です」。神父はマザーの霊性について、カルメル会の霊性よりもむしろ、アシジの聖フランシスコや、聖ヴィンセンシオ＝ア＝パウロの精神を多分にもっているとも記した。たしかにマザーにはル＝ジョリ神父の言うように、聖フランシスコにも聖ヴィンセンシオ＝ア＝パウロにも共鳴するところが大きい。しかしながら、マザーはマザーテレサ自身の霊性をもっているのである。そしてその霊性はリジューのカルメル会修道女のそれに通うところがある。ル＝ジョリ神父にマザーは笑いながら答えている。「わたしの保護の聖人は小さいテレサです。」実際、マザー

小さい花の聖テレサ像　カルカッタのカルメル会修道院

は忙しい一日の夕暮れに、しばしばカルカッタのカルメル会修道院聖堂を訪れる。それは大通りからすこし入ったところにある。喧噪の街のなかに信じられないほどの静かさをたたえた庭があって、その木蔭には小さいテレサの像がおかれている。

　神の愛の宣教者会の会憲の心臓にあたる箇所を解説するとき、マザーは小さいテレサを引用している。

「わたしは渇いている」と、イエスは十字架の上でおっしゃいました。イエスは水の渇きのことではなく、愛の渇きのことをおっしゃったのです。

わたしたちの目標は、この渇きをいやすことです。……リジューの聖テレサを思い出してください。「愛が行為でしめされるものなら、私の愛をどうやって見せたらよいでしょう?」……小さいテレサは花を撒《ま》きました。「どんな犠牲も、どんな眼差しも、どんな言葉も見逃さないつもりです。……どんなに小さいことも愛をもってします……棘《とげ》いっぱいのなかからバラを摘まなければならないにしても、わたしはかわらず神を賛美しましょう。

棘が大きく鋭ければ、ますます甘美な賛美の歌を歌いましょう。」「主はわたしたちの愛がお要りになるのです。行為は必要としていらっしゃいません。」

小さいテレサ、リジューのカルメル会修道女、〈幼きイエスのテレーズ〉の手記には、文体はともかくとして、マザーテレサの言葉といっても不思議ではないものが見いだされる。次に引用するのは〈幼きイエスのテレーズ〉の言葉である。

わたしにとって祈りとは、心の迸《ほとばし》りであり、天に向ける単純なまなざしであり、また試練のさなかにも、喜びのさなかにある時と同じように挙げる感謝と愛の叫びです。

わたしはイエスを愛して愛して愛しぬきたい
という望みの他には、何の望みもありません。
「……わたしをひきつけるものは、ただ愛だけ
です……
もう他の務めはありません。愛する、ああ、

マザーハウス修道院　右の聖母像のある建物。沖守弘氏提供

それだけがわたしのすること。」

「わたしが愛を知るようになってから、
愛は、わたしのうちにある善からも、悪からも、
すべてから利益をひき出すほどに力強く働き、
わたしの魂を、愛と化していきます」

（小さいテレサによる二つの引用は十字架の聖ヨハネから）

自分のするどんな業にも、どんなことにおいても自分に頼ることはできません。けれどもこの貧しさはわたしにとって、真の光、真の恵みです。わたしにとって、真の宝であり力でした。神さまだけに頼り、全く貧しいものであるとき深い安らぎを体験します。

小さいテレサの霊性の旋律はまたカルカッタのテレサの魂のうちに奏でられている。たしかに、一方がヴァイオリンであれば他方はファゴットのように音色は異なるのであるけれども。マザーテレサは次のように表現する。

わたしたちの仕事、祈り、苦しみはイエスのためで、そのほかに、わたしたちの生活には何の意味も動機もありません。……わたしのすることは全部この方のためです。イエスはわたしに力をくださいます。わたしは貧しい人のなかのイエスを愛し、イエスのなかで貧しい人を愛しています。しかし、いつも主が先です。

業をなすのは主であって、わたしではありません。だからわたしは心配しないのです。もし、この仕事がわたしの仕事ならわたしが死ぬと同時に仕事も死ぬでしょう。主の業であるからこそ、いつまでも続けられ、多くの成果をあげるであろうことがわたしにはわかっています。

この二人のテレサの魂は深いところで通い合っているのである。

これらの言葉にこめられたマザーの精神がどのように生きられているかは以下の節で明らかにするように努める。なお、ゴメス家の二階にあふれるほどにふえた修道女たちのためにマザーテレサはロワー・サーキュラー通りの建物を求めてこれをマザーハウス修道院とした。

仕えるために

〈死を待つ人の家〉　インドのベンガル地方で、死に瀕した行路病者を看とる修道女としてマザ

カリガート　ーテレサの姿が世界に知られはじめた。それは一九五二年に〈死を待つ人の家〉が開かれたことによる。

この仕事の始まりについても、他の仕事の場合と同様に、マザーは言う。「わたしたちの仕事には、前もって計画したというものはありません。必要にせまられたり、いいチャンスがあったときに始まりました。神様が、わたしたちにさせたいとお望みになったことを、示してくださったのです。」計画なしとは、でたらめを意味してはいない。彼女の仕事が本質的に「事業」ではなくて、出会ったひとりひとりの人間のための仕事だからそうなる。どんなに数多くの人のためであろうとも、つねに〈ひとりずつ〉に心がそそがれる。〈死を待つ人の家〉設立の次第はこの「必要にせまられて」をよく示している。

〈死を待つ人の家〉カリガートの設立は神の愛の宣教者たちの最初の大きな仕事である。そのころシスターたちは、まだクリーク-レーンのゴメス家に住んでスラムの最も貧しい子供たちのために働

死を待つ人の家　沖守弘氏提供

いていた。新しい仕事のきっかけとなった出来事についてはマイケル＝ゴメスの証言がある。彼はそのとき、マザーといっしょにいた。

「ある日、私たちの家の近くのキャンベル病院のすぐそばの道路で一人の男が死にかかっているのを見ました。マザーは病院にたずねましたけれども、引き取ることはできないといわれました。仕方がないので私たちは薬局に行って薬を買いましたが、戻ってみるとその男はもう死んでいました。『猫や犬でもこんな目にはあわないだろうに。みんなが自分のペットを人間よりももっと大事にあつかっている』と、マザーは自分の感情をかくしませんでした。それから警察部長に会って訴えたのですが、この出来事が、〈死を待つ人の家〉の始まりでした。」

路上で死にかけた動物のように倒れている人を見たのはこれが初めてではない。カルカッタでは、特にインド分割後の、難民であふれたカルカッタでは、こういう出来事は珍しくはなかった。マザーは、市の役所にかけこむまでに、幾人もの行路病者の世話をしている。マザー自身がひとつの例を語っているのだが、彼女は道端で、ネズミやアリに半分食われている女性を見つけた。一番近い病院に運んだが、手当のしようがないと受け入れない。マザーは受け入れてくれるまで立ち去らないとがんばったあげく、ようやく受け入れられた、という。あるときは、廊下や待合室の床まで病人でぎっしりつまった病院で、運び込んだ病人の受け入れを断られて、病院から病院へとタクシーで走り回り、またあるときは、そのタクシーに病人の運搬を断られた。誰からも見捨てられて死ぬほかない人びとを見てマザーは決意した。「神がおつくりになった人を動物のように、溝のなかで死ぬままにしておくわけにはいかない。」マザーテレサはモティジルに部屋を借りて、瀕死の人びとを収容した。そこで、その最期の時を人間らしく送らせるために心をこめて看とった。しかし、借りた部屋はすぐにいっぱいとなった。この人たちを世話できる場所を求めて、シスターたちは祈りはじめた。マザーが役所に訴えたのはこのような状況においてである。

州の保健担当相アーメド博士と警察部長が驚いたのは次の二点である。まず、もはや手の施しようもないほど死に近い人の最期を看とるために収容しようとする考え。さらに、高い教育を受けたインド良家の令嬢たちが社会の敗残者たちに仕えようとしていること。

第一点は人の生死に関する考え方の違いから、第二点はインドのカースト制度からいって、インド社会の常識からは想像もできないことであった。

アーメド博士はマザーを招いて、南カルカッタにあるカリー神殿に近い巡礼宿泊所として用いられていた建物を見せた。大きな四つ辻に面するその建物は緊急の必要に十分こたえるものだった。六〇のベッドをおける広間が二つ、電気、炊事のためのガス、それにかなり大きな中庭があった。マザーは、それが「とりわけヒンドゥーの人たちの礼拝と信心の場所だったことをうれしく」思った。マザーは一時的にそこを借りる許可を得た。

それから二四時間もたたないうちに、見捨てられた病人、死を待つ人の家は始まった。シスターたちはカルカッタの路上から大事に病人を運びいれ、身体を洗い、手当をし、食べさせ、清潔なシーツか毛布でくるむ。そのとき以来一〇万もの人がここで看とられた。カーストも人種も国籍も宗派も関係はない。ただ路上に棄てられ、治癒の見込みがないので病院すら受け入れられない人びとのためのホームである。このカリガートにあるホームをマザーはニルマル・フリーダイ、ベンガル語で「聖母の汚れなきみ心」と名づけた。

誤解や反対

マルコム＝マゲッリッジがこの仕事の意図についてマザーに質問したことがある。

「この瀕死の人たちのために、どういうことをしているのですか。連れて来て死に場所を与えているのは知っていますが、この人たちのために、何をしているのですか、しようとしているのですか。」

マザーの答えは彼女の仕事の意味を的確に表現している。

「まずなによりも、いらない人たちではないと感じとってもらいたいのです。この人たちをだいじに思っている、この人たちにいてほしがっている人がいるのだと知ってもらいたいのです。少なくとも、まだ生きていなければならない数時間のあいだに、人間からも、神からもだいじに思われているのだということを知ってもらいたい。この人たちも神の子たちであって、わすれられてはいない、だいじに思って、世話をしてくれる人がまだいて、仕えたいと自分たちをささげる若い人たちのいることを知ってもらいたいのです。」（沢田和夫訳）

宗教、国籍、人種、カーストの差別なく病人は受け入れられたが、ひとりひとりの人生と宗教は大切に尊重された。シスターたちは名前と年齢と宗教とをたずねてカードにかきとめ、そのカードを枕につけた。マザーの協力者のなかからその人の言葉が話せる者が来て病人を励まし、慰めた。ヒンドゥー教徒はガンジス河の水を唇に受け、亡くなった後には近くの火葬場に運ばれヒンドゥー風に葬られる。イスラム教徒のためにはコーランが読まれる。キリスト教徒のためには司祭や同じ宗派の人たちが訪れる。

しかしカードにその推定年齢だけが記され、ついに一言も発することもなく息をひきとる人もいる。実際、最初のころには、シスターたちがどのように手を尽くしても大部分の人がここで亡くなった。一九五五、五六年になってようやく半数が生きのび、その後は生きてホームを出る人の数が死者を上まわるようになったという。

マザーのカリガート・ホームには日をおって、さまざまなカースト、宗派の人びとがボランティアとして働きに来た。ホームはただカリガートとよばれたが、この名前はカリー神殿に近い焼き場からきている。ヒンドゥー教徒の死者の灰は、ここで、ガンジス河の支流に流されるのである。

予想されることではあるが、カリガート・ホームについては誤解も反対もでてきた。誤解は、マザーがヒンドゥー教の中心地に来て、みなをキリスト教に改宗させようとしているというものであり、反対は、神殿境内に〈死を待つ人の家〉を設けて瀕死の人を運び込むことは聖なる場所を汚すというのである。病者の看護にくるマザーやシスターたちは、幾度も、反対グループのヒンドゥー教徒のデモに行く手を阻まれた。暴力で脅かされもした。ひとりの男がマザーに近づいて、殺してやると叫んだ。マザーの性格的特徴なのだが、この女性は脅迫にひるまない。彼女は動きもせず、にっこり笑って言った。「そうしたら、私たちは神様のところに早く行けるだけです。」これはマザーの信念なので、脅迫されるごとに出てくる反応である。

宗教的誤解からくる敵意をもって、学生たちのグループがやって来たことがある。リーダー格のひとりが、マザーを追い出して見せると約束してホームに入った。そこで彼は、シスターたちによって痩せ衰えた人の身体が洗われ、傷が治療されるのを見た。心が変わった。彼はホームから出て来て若者のグループに告げた。「マザーテレサやシスターたちをカリガートから追い出すこともできる。でも、条件つきだよ。もし君たちが自分の母親や姉妹を連れて来て毎日、これと同じ仕事をさせられたら、の話だ」と。グループは立ち去って二度と戻って来なかった。

愛の業は、宗教を異にする者の心にも通じる。しかし、〈死を待つ人の家〉の発想そのものはインドの文化風土になじみのないものであったのだ。

死生観の差異

アイリーン＝イーガンは一九五五年以来、マザーのかたわらにいて、その仕事を助けて来た人である。彼女はカルカッタの実情をつぶさに見た。路上生活者が物乞いの力もつきはてるとき、陽にさらされ、飢えかわいて死ぬ。屋根の下で住む人間でも、長い病気をしたり、部屋代を滞らせていたりすると、最後の時を路上で送り息をひきとることになる。このようにして数え切れない程の人びとが誰からも打ち捨てられて死んでいく。

イーガンはその状態の底にヒンドゥー教を見た。正統的ヒンドゥー教信者にとって、死は、出産と同様に、不浄と汚染を含む。だから最下級のカースト、不可触賤民の女は、上位カーストの女には出産のときにだけ近づくことが許される。また、死体にかかわるのも最下級のカーストの人間である。貧しい人が借部屋で死ぬということになれば、部屋の持ち主は死の汚れをはらうために、部屋を塗り替えなければならない。持ち主自身も貧しい場合、病人はさっさとドアの外に運び出されることもある。死を待つ人の家によってカリー神殿が汚されるという反対論はこの考え方の直接的な表明である。

この地ではマザーテレサの発想はまことに異質なのだ。

人がひとりの人間の死をどのように観るか、これは簡単な図式で示しようもない。しかし、生死、とくに苦しみに関する文化的な考え方の枠組みの差を一般的に描き出すことはできる。

まず、カルマと輪廻転生の考え方である。カルマ（業）はインドの精神生活のあらゆる面に浸透している因果応報思想である。それは「自分の行為はその場かぎりで消えるのではなく、不可見のいわば潜勢体《せんせいたい》（功徳と罪障、法と非法）として行為の主体につきまとう。やがて時（基本的に来世）がいたればそれが順次に果報として結実し、同じ主体によって享受されて消滅する」（世界宗教大事典）という。善業であれ悪業であれ、その結果は自分で享受するのが原則である。これを「自業自得」という。カルマは必ず果報として享受されねばならないところから、カルマの主体は輪廻する必要がある。

この文化背景においては、路上で死ぬ人の、腐っていく傷口もそこにわく蛆も、目に見えない道徳的な悪の、見える印となる。その苦しみはその人の業の果報として担われているわけである。だから、傍らを通る人間は苦しむ人を輪廻の途上にあるものとして見る。介抱の手をのべず通り過ぎてよい。たしかにヒンドゥー社会にも慈悲の行いは存在する。だが、それは、その人自身の善業としての行為である。

一方、キリスト教においては苦しみはどのような意味を持つか。キリスト教社会においても人がおのれの蒔いたものの結果を刈り取るという考えはある。しかし、苦しみは、これと全く異なる、もうひとつの相をも表現する。「無垢《むく》なる者の苦難」である。すでに旧約時代の『ヨブ記』は義《ただ》しい者の苦難を述べ、『イザヤ書』は義人の苦しみの意味を明確にした。

彼は軽蔑され、人びとに見捨てられ
多くの痛みを負い、病を知っている。
彼はわたしたちに顔を隠し
わたしたちは彼を軽蔑し、無視していた。
彼が担ったのはわたしたちの病
彼が負ったのは私たちの痛みであったのに
わたしたちは思っていた
神の手にかかり、打たれたから
彼は苦しんでいるのだ、と。
彼が刺し貫かれたのは
わたしたちの背きのためであり

彼が打ち砕かれたのは
わたしたちの咎《とが》のためであった。
彼の受けた懲らしめによって
　わたしたちに平和が与えられ
彼の受けた傷によって、わたしたちはいやされた。

（『イザヤ書』五三章3〜5）

この箇所をキリスト教では救世主とむすびつけて読む。

十字架上のイエスの受難と死とは、イザヤの預言そのまま、無垢なる神人が万人の罪をすすんで自分の身に負って死ぬという贖罪の死であった。救世主《キリスト》の一回だけの人生、一回だけの絶対的な死がそこにある。それ以来、すべての無垢の人の苦しみはこの贖罪の行為に参与すると考えられてきた。そしてまた、キリストの受難により人間の罪はつねに赦される可能性をもつ。

マザーテレサの目には、すべての苦しみがイエスの苦しみと二重写しになる。同時にまた、それが誰であろうと、イエスがその人の罪を負ってその人のために死なれたことが思われる。イエスの福音の中心が愛であるから、マザーはその愛を目の前の人に伝えようとする。彼女は説教をしない。ただ、抱き上げ、傷を洗い、蛆を取り除き、おかゆをスプーンで食べさせ、低い声のベンガル語でやさしく慰めるのである。

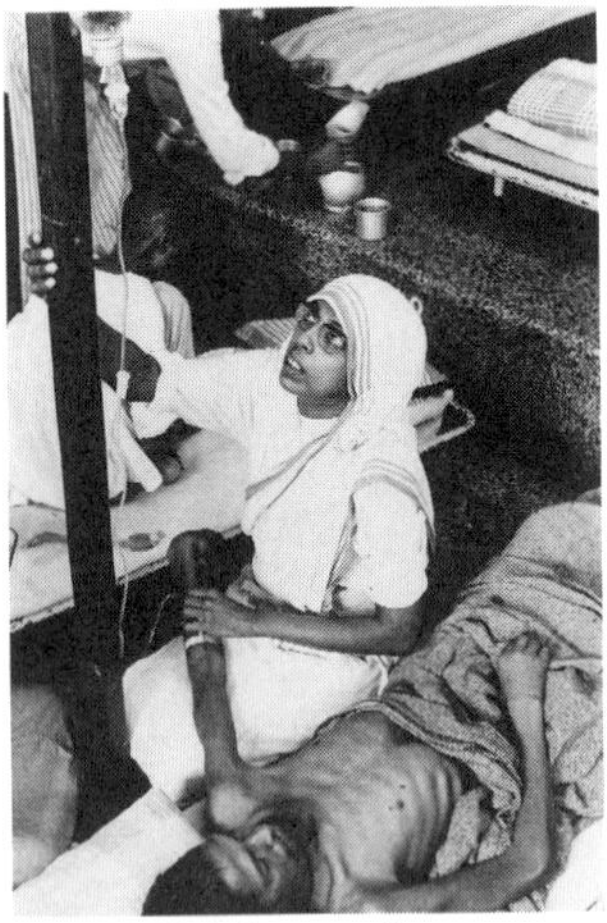

病人の世話をするシスター
沖守弘氏提供

病者たち

　何万もの病者がこの〈死を待つ人の家〉を通過する。カリー神殿の神官も、売春婦も、推定年齢以外すべて不詳の少年も、同じように手厚く看病されながら、あるいは命を取り戻し、あるいは死んでいく。この人たちが、マザーやシスターたちの行為がどこからくるのか、その原動力を知ることはない。ただ、すべての病者が、その人と認められ、その人として大切に扱われる喜びを知る。ここに来る大部分の人にとって、これは生まれて初めての経験である。彼らは心から愛されていることを知る。マザーにとっては、それこそが肝心なのである。

　ある日、マザーが協力者とカルカッタの下町を歩いていたとき、ひとりの若者がマザーに近づいて来た。彼は身をかがめてマザーの足に触れた。マザーが立ち上がらせると彼は猛然ないきおいでしゃべりはじめた。大層幸せそうであった。彼がマザーに告げたのは、その日彼は結婚すること、前に乞食であったとき死にそうになり〈死を待つ人の家〉にかつぎこまれたこと、世話を受け快癒してシスターたちの世話で靴みがきで身を立てたこと、だった。その彼が、今は自尊心をもった市民として結婚し、小さな家庭を営もうとしているのである。そのときの同行者によると、マザーテレサの喜びようは見ていてもすばらしいものであったという。ひとりの若者に人生と人間の品位を取り戻させること、このエピソードはマザーの仕事の典型と言ってよさそうである。

カリガートは一時的な許可で始められ、一九九三年現在もシスターたちが、多くのボランティアたちとともに、限りない忍耐をもって病者を看護する、貧しい者のホームでありつづける。一九七五年にはもうひとつ病者の家が設けられ、カリガートで命をとりとめた人たちはそこで療養するようになった。

〈子供の家〉シシューバヴァン

カリガート、死を待つ人の家についで、そこで母に死なれた子供のための家が必要となった。道端から拾いあげられた、まだ少女のような若い母親が高熱と衰弱のために息をひきとったとき、体中、疥癬《かいせん》だらけの小さい女の子が遺されたのだ。身寄りをなくした子供たち、これから生きる者のための家をつくらなければならない。マザーテレサが家をもとめていることが知られだした。するとイスラム教徒の老人がロワー-サーキュラー通りのマザーハウス修道院の受付に来て、ここから数分のところにある大きな家を貸してもいいと申し出た。その費用捻出の方法はまさにマザー流と思われる。次はマザーの言葉である。「ある奥さんが、ご主人がお酒をやめるように祈ってくださいとわたしにおたのみになりました。一瓶九〇ルピーもするウイスキーを毎日飲むので本当に困るとおっしゃるのです。もし、その方がウイスキーのために毎日九〇ルピーも支払えるなら、わたしは一ヵ月に五〇〇ルピーを支払ってロワー-サーキュラー通り

ヨーロッパ人にもらわれていく子供
その子供に別れをつげるマザー。
沖守弘氏提供

に家を一軒借りられますよ。それを子供の家にします。」どうも、ミスターXのウイスキー一瓶の値段とマザーが大きな家一軒を借りることとの間には、かなりの論理の飛躍があるように思われるのだが、シスターたちは独特の直感でそこを飛び越えた。そして家は借りられた。〈子供の家〉シシューバヴァンはこのようにして始まった。カリガートができて三年後のことである。

カルカッタは多くの問題をかかえている。誰も欲しがらない子供たち、未婚の母親……赤ん坊を家に連れて帰ることができない女性の子。孤児、身体障害児、精薄児。こういう子供たちを世話する施設はすでに数多く開かれていた。ただ、いくつあっても足りない有様であった。シシューバヴァンには警官や市民が捨て子をつれてきた。産院におきざりにされた新生児、ごみ箱に捨てられていた赤ん坊、教会の祭壇の前に捨てられた乳児もある。

この大きな家の広間ひとつにはぎっしりと赤ん坊のベッドがおかれている。隣の部屋には、はいまわれる子供たちでいっぱい。うつろな表情で座ったままの児が、その児の眼を見ながら笑いかけると、内がわに明かりが灯ったようにいきいきとした顔になる。ここにはまた未婚の母たちが出産するまで泊まっていられる場所があり、また中庭には貧しい人びとのための給食の場がある。毎日数千人分もの雑炊がくばられる。

連れて来られる乳児のなかにはミルクも受けつけない未熟児、病気の子、栄養失調の子が多い。必死の看護も空しく、すぐに死ぬ子もいくらかはあるが、大部分は丈夫に育っていく。マザーはたとえ一時間もしないうちに死んでしまうとしても、ここに来てほしいと願う。「誰にも愛されないま、子供が死んでいくということは、私にはとても耐えられないのです。赤ん坊は愛されれば感じます。」

成長する子供たちのためにマザーやシスターたちはよく働く。よく食べさせ、着せ、言葉を教え、教育をほどこす。費用はすべて支援団体にたよっているのではあるが、神の愛の宣教者会では、自分たちでも、あらゆる実際的な工夫をする。一例をあげれば、彼女たちは飛行機の機内食に目をつけた。国際線では、よく手のつけられていない機内食があまる。マザーは空港ビル会社と交渉してこれを〈子供の家〉に払い下げてもらうことにした。やがて国内線もそうなった。ボンベイ、ニューデリー、カルカッタの間の飛行機に欠航や遅れがでると〈子供の家〉の者が機内食をもらいうけに飛んでいく。

子供たちのための大きな仕事は彼らが社会に出て幸せに生活できるように用意することである。

マザーが望むのは愛情ある家庭に養子縁組ができること。彼女は家庭こそ愛の住居と思うからである。最初はインドのカトリックの家庭が子供をひきとった。しだいにその数は増加して、インドをはじめベルギー、フランス、イタリア、スウェーデンまたアメリカからの申し込みも多くなった。

子供をひきとった夫婦からは、毎年、成長の記録として写真が送られてくる。そのアルバムは、国別に整理され、法的に認可された日付、もらわれて行った日付、両親の名前、子供の生年月日（もちろん判明する限りの）と名前が記された家族の写真が貼られている。インド人家庭の写真からも、白人の両親とインド人の子供の写真からも本当に幸福そうな雰囲気が伝わっている。

マザーの喜びは、それは主にヨーロッパ家庭からだが、わざわざ足がわるくて歩けない子や両腕のない子を望んで申し込みがあること。「子供のために何かができたらうれしいから」という理由を彼女は本当にすばらしいと思う。インドで立派な社会人に成長した男女の若者たちが自分も家庭をもちながら、ひまを見つけては、かつての育ての家に手伝いにくる姿もシスターたちの希望を現実的なものにしている。

〈平和の村〉シャンティ・ナガール　「ハンセン病」という、消毒薬の匂いのする医学用語のかわりに、カルカッタでは「らい病」という言葉が普通に使われる。古くから人類が最も恐れ忌み嫌った病の重みと苦しみをこの言葉は担っている。ハンセン病の苦しみは、生きながら身体が膿みくずれて手足を落とし鼻や眼を失っていくことにとどまらない。それは社会から完全に抹殺されることである。家族からひとりの患者が出れば、当人はもちろんのこと家族全体が社会生活から排除される。だから患者は人目につかないところにおしこめられるか、患者自身がひそかに家族を離れてあてもなく放浪する。

日本でも永い間、この病気は、発覚すれば家族も一蓮托生、故郷を追われることになる天刑病として忌み嫌われて来た。フランス人宣教師の手で、野山に見捨てられていた患者が看護され、小さならい療養所が始められたのは明治二〇年のことである。以来いくつかのらい病院が教会や政府によって設営された。しかし、なお多くの患者が悲惨な姿をさらして放浪し、収容された患者は故郷も自分の姓名も秘したまま、その病院で生涯を終えた。二〇世紀のなかばになって、有効な治療法が発見されるまで、これが実情であった。

マザーテレサが〈死を待つ人の家〉を始めたころ、カルカッタは市中にも市の周辺にも数多くのハンセン病者をかかえていた。マザーはハンセン病者を〈死を待つ人の家〉に収容しなかった。そのかわりに彼女がハンセン病患者のもとに出掛けて行った。

どんな遠くの地にも患者をたずねて行けたのは移動診療車のおかげである。一九五六年には移動診療所ができて、市郊外の六つのスラムを巡回していた。カルカッタのドクターたちがボランティアとして協力した。診療車のまわりには、結核、眼病、寄生虫はじめ栄養障害と非衛生からくる、あらゆる種類の病人が群れた。

マザーがハンセン病者のために、とくに何かをしなければならないと決意したのは一九五七年のことである。ある日、五人のハンセン病患者がマザーハウスをたずねて来た。ひたかくしにしてきた病気がわかってしまい、職を追われたのである。家族からも拒絶された彼らはマザーを頼った。彼女にとって、これは「しるし」であった。彼らこそ他の誰よりも「貧しい人のなかで最も貧しい人」だった。

一九五七年九月二七日付のカルカッタ＝ステーツマン紙はマザーがこの仕事に着手したときの模様をつぎのように報じている。

マザーテレサの巡回診療所が水曜日、カルカッタ大司教、フェルディナンド＝ペリエ博士によって、ロワー＝サーキュラー通りのシシュ＝バヴァンに設立された。マザーテレサと会のシスターたちはハンセン病診療の依頼を受け入れ、薬品および医療器具を備えた巡回ワゴン車が毎週、ハウラ、ティルジャラ、ダッパ、そしてモティジルの四か所の診療センターを訪問することとなった。熱帯医学研究所においてこの仕事のための訓練を受けたドクターが治療にあたり、ハンセン病患者の手当ての訓練を受けた三人の修道女がドクターを手伝う。シシュ＝バヴァンには小診療所が開設されている。カルカッタにはおよそ三万人のハンセン病患者がいるのである。

この数字は内輪に過ぎた。実際にはその二倍の患者が苦しんでいた。それまでカルカッタ郊外のゴブラで愛徳姉妹会という修道会が長年ハンセン病病院を経営していたが、カルカッタ市の拡張問題のために閉鎖されてしまっていた。マザーテレサの明るい青色の診療車は、薬品、医療器具のほかに食料をもつみこんで、翌年には八か所のセンターを巡回することになった。診療グループはさまざまな言語、さまざまな宗教をもつ人びとを訪れてまわるのである。

このようにして、始まったハンセン病者への奉仕は、しだいに新しい形をとっていく。

カルカッタから二〇マイルのところにあるティタガールという土地にハンセン病者のコミューンがつくられた。そこで彼らはほとんど自活できている。

マザーはまずティタガールの国鉄用地を無料でかりうけ、竹とアンペラで編んだ病棟を建てた。神の愛の兄弟宣教者会に属するドクターがコミューンの一員となって専任で治療にあたった。治療が始まり、働ける患者がふえてくると、その患者たちの手でレンガ造りの病棟がつくられた。彼らは二棟の病棟、織機五〇台をもつ織物工場、二五世帯の家、外来診療室や事務所などを完成させた。工場ではベッドシーツやサリー、枕カヴァーをつくり、また養魚、養豚、養鶏を始めて現金収入が得られるようになったのである。

マザーの救援活動が多くの市民団体の支援をよびおこしたことは注目にあたいする。

マリア会のような婦人会が中心となってカルカッタ市全体をまきこむ募金活動がくりひろげられ

シャンティ–ナガール
（平和の村）　沖守弘氏提供

た。マザー自身も街頭に立った。募金のテーマは「らい病者に触ってください、あなたの共感で」であった。マークにはベルを用いた。かつて、ベルは排除のしるしであった。古代社会で、穢《けが》れた者として隔離されたハンセン病者は、歩くとき一般人に警戒させるためにベルをならすことを義務づけられていた。その小さなベルがいまは共感、共苦のシンボルとなった。このテーマとベルはポスターにも新聞にもワゴン車にもかかげられた。こうしてたくさんの寄付金が集まった。

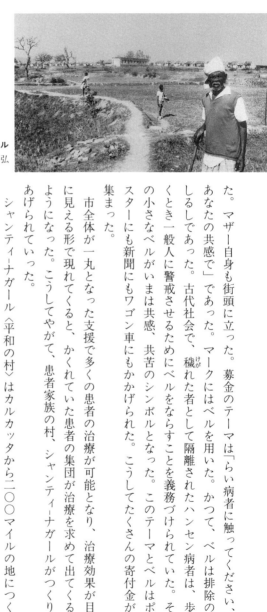

市全体が一丸となった支援で多くの患者の治療が可能となり、治療効果が目に見える形で現れてくると、かくれていた患者の集団が治療を求めて出てくるようになった。こうしてやがて、患者家族の村、シャンティ–ナガールがつくりあげられていった。

シャンティ–ナガール〈平和の村〉はカルカッタから二〇〇マイルの地につくられた。一九六八年のことである。西ベンガル政府から提供された三五エーカーの広大な未開の緑地をマザーと修道女たちはハンセン病患者のための理想の村に変えた。ティタガールと同じように、病気を治療しながら、できるだけ普通の家庭に近い生活を営んでいけるように、また、なおった患者がふつうの仕事ができるよう訓練し、収入を得ていけるようにすること。村のなかに、治療の資格をもつシスターはじめ修道女の居住する区域をもつくった。患者の家族のための住居もつくった。家族ぐるみ治療あるいは予防をしながら社会復帰をめざしていく。やがて国の内外からの資金援助を得てこの村は実現した。

ここを訪れる人たちは、最初、患者の身体の無惨なくずれかたにたじろぐ。しかし、やがて、そこにただようある種の和らぎを感じはじめる。特効薬の発明は治癒に希望を与えた。だがそれだけではない。シャンティーナガールには週に二回、無報酬で手術に通ってくる外科医がいる。住み込みの、若く美しいシスターたちは、くずれた身体によりそって手当てをする。なによりも患者たちが、自分の手でもたがいに手当てしあい、農園を作り、織機を操っている。彼らは自らの力で再生しようとしているのである。他者から大切にされることを経験し、たがいに必要とされていることを知るとき、人は生きる希望をもつことができるのだ。〈平和の村〉の住人たちは、たしかに絶望から復活した者の平和を生きている。

〈愛の贈り物〉 一九七五年、新しい家が神の愛の宣教者たちに、イギリスの著名な製薬会社ICI (Imperial Chemical Industries) から贈られた。カルカッタのティルジャラの広大な土地にICIの中央研究所として建てられていた近代的なビルがそれである。マザーはこれを

プレム・ダン

プレム-ダン、〈愛の贈り物〉と名づけた。ここで、回復する見込みのある病人や、肉体的にも精神的にも蝕まれた人たちが長期療養している。構内には病院のほかにリハビリテーション-センター、作業場などがつくられた。

作業場では、ココナッツから繊維をとりだして、マット や敷物、ロープ、タワシ、枕に入れるパンヤなどをつくる。インドではあらゆる街角でココナッツが売られているが、人はジュースを飲みおわると殻をポイと捨てるのでココナッツ殻は雑踏する道路のゴミとなる。マザーが目をつけたのはこの無限のゴミであった。製品は〈死を待つ人の家〉や〈プレム-ダン〉の病院で引き取られるし、また売りにも出す。現金収入と失業対策とささやかな資源回収運動との一石三鳥の名案であるが、一番大きなことは、作業場に通ってくる近隣の貧しい人たちの自助意識の芽生えであろう。

庭の一角にはスラムの子供たちのための学校がある。シスターたちが教え、子供たちは石板に石筆で文字を書く。ここに通う子供たちはみな栄養不良児なので、授業のあとミルクやビスケットの給食を受ける。ビスケットは、お金に換えられずにその子供の口に入るよう割って与えられている。

シエルダ施薬所

シエルダ駅の近くにプレハブの施薬所がある。朝、シスターたちがここに着くと、やせこけた赤ん坊を抱えた母親の長蛇の列が待っている。シエルダ駅を中心にして、その周辺はカルカッタの苦しみを集約しているように見える。

シエルダ施薬所に並ぶ人びと　沖守弘氏提供

かつてシエルダ駅はカルカッタの東の玄関口としての威容を誇っていた。インド分割後、この駅には、いまはバングラデシュになった東パスキタンから引きも切らずに難民が押し寄せ、駅構内と付近一体をスラム化するほどに住みついた。駅の売店やベンチ、ラウンジやレストランを占領し、プラットホームに、にわか造りの小屋を建て、煮炊きをしたり、水浴びや排泄をするという状態がつづいた。救済機関の人たちが彼らに食料と衣類を配り、住むところを世話しようとする。

だが、焼け石に水の状態である。政府の懸命の努力も功を奏さない。

マザーテレサの施薬所では、この人たちに、小さな紙袋に入れた数粒のヴィタミン剤や栄養剤を与え、ミルク、雑炊を飲ませ、簡単な治療をする。行列する人たちが手に手に自分のカルテを持ってくるので、個人の健康状態は、ある程度、持続的に把握される。赤ん坊は、タオルを敷いた秤にのせて体重を量る。母親は、しばしば気弱なほほえみを見せながら赤ん坊を秤にではなく、量る人の手の上に差し出す。両手にすっぽりと入ってしまうような赤ん坊の体重が下降気味であったりするとき、人はただ、祈りながらその子を手に包むしかなすすべを知らない。
ここシエルダ駅に近い施薬所には、カルカッタのどの診療所にもまして、人びとは切迫した表情で手当てを願い、薬を求めてくる。そのバラック小屋の背後には、埃のよどむ空気の底に泥土色の人影がうずくまる荒涼とした風景がひろがっている。

〈刑務所から救出された少女たちの家〉

インドにはジェール-ガールという言葉がある。それを「刑務所から救出された少女」と仮に訳してみたのだが、一九九〇年に、マザーテレサの会はジェールーガールたちを収容して、手に職をつけさせる家シャンティーダン(平和の贈り物)を開いた。

さて、ジェール-ガール（刑務所の少女）とは何か。ロジャー＝ソーヤー博士著の『奴隷化される子供』を参考にしながらまとめてみよう。ソーヤー博士は人権、とくに奴隷制度の研究者であり、この著書において、世界のあらゆるかたちの児童奴隷ないし搾取のありさまを、自身のケース-スタディあるいは国連諸機関、NGOなどの調査、研究をふまえて克明に描写し、告発している。以下がそのあらましである。
一九世紀以来、世界のあらゆるところでストリート-チルドレンの問題に対処しようとする試みがなされてきた。だが、第三世界においても先進国においても、往々にしてストリート-チルドレンの行きつく先は刑務所となるのが実情である。第三世界においては、膨大な建築費と人件費を要する子供用の代替施設を建設できないことも、その一因となる。インドの児童保護法では、たしかに「非行児童を罰金もしくは保証金の不払いを理由に死刑に処したり、刑務所に収監してはならない」と規定されてはいる。それに、インドで公式にはストリート・チルドレンを最初に収容するのは刑務所ではなく観察院となっている。しかし実際には、刑務所や元刑務所だった建物を利用することが多いのである。収容すべき子供を具体的に分類すると次のようになる。

放置された子——乞食や扶養者のいないことが明白な子、親が扶養できない子、売春婦やアル中患者や廃人の子供

親の手におえない子、および犯罪をした非行少年少女

その他——ハンセン病患者を親にもつ非感染児、性的および道徳的な犯罪を犯すおそれのある少女、知能障害児

つまり、インドでも犯罪を犯してはいない子供たちが刑務所に入れられているのである。そしてその物理的、精神的環境は劣悪をきわめる。観察院と名づけられた場所でも事情はかわらない。一二平方メートルの部屋に一七人が押し込められていたという報告が、国連の奴隷制専門家作業部会に出されている（一九八四）。同じ報告書は刑務所についても「囚人から金をわたされた看守が、警官にその金を払って、路上の子供をかり集めさせ、成人の四人の雑用をさせたり、セックスの相手

をつとめさせる」仕組みがあるとのべている。

ジェール-ガールとはこのような背景で刑務所に入れられた少女をひっくるめてよぶ言葉である。

マザーテレサは修道会に寄付されたタングラの建物に少女たちを刑務所から引き取ることを始めた。美しい庭のあるこの家で、年齢相応のサリーを着、刺繡や裁縫を習って自活の準備をしている娘たちの表情はおだやかであるが、シスターたちへ感謝をあらわそうとする姿はいたいたしい。人間社会のこれほどの暗闇の部分を負った傷が癒えるためには、その暗闇の重さに匹敵するほどの愛がそれを包まなければならないことだろう。

インド国外の要請

一九五二年の〈死を待つ人の家〉の設立以来、マザーテレサの存在が世界に知られるにつれて、彼女の修道会を招きたいという望みを人びとが抱き始めた。

ベネズエラのベニテッツ司教はそれを切望した。国自体が最貧というわけではないが、司教の司牧地には貧しい者が満足な医療を受けられない地域があり、特に銅山で働かせるためにアフリカから連れて来られた人びとの子孫が住む地域のことを司教は案じていた。そこでは教育も欠けていた。司教は土地の資源開発がこれら貧しい人の犠牲の上で行われることを恐れた。なかでも女性たちが最もないがしろにされているところから、司教は、この人びとどともに働くために、ここで喜んで最も質素な生活をしようとする修道女たちに来てほしいと熱く願っていた。

第二ヴァティカン公会議に召集され全世界の司教たちがローマに集まったとき、ベネズエラの司教はニューデリーの教皇使節、J＝R＝ノックス大司教に彼の希望を打ち明けた。ノックス大司教は、ベネズエラの司教に神の愛の宣教者会の仕事について語った。とりわけ、彼女たちが質素な生活をしつつ極貧の人びとを助ける力を備えていることを知らせた。

こうして、シスターのグループをベネズエラへ送ってほしいという要望が、ノックス大司教を通じてマザーテレサに伝えられた。しかし、この要請を受諾するには、ひとつ困難なことがあった。教会組織上の資格の問題である。一九五〇年に神の愛の宣教者会の設立が教皇庁によって認可されたとき、その設立と働きの範囲はインド国内に限られていたのである。シスターたちをベネズエラに派遣するためには、会は、世界のどこでも働くことができる教皇認可の修道会になることが必要であった。マザーテレサの会のインドでの仕事ぶりを見て胸を熱くしていたノックス大司教のおかげで、この認可は、まれなほどのスピードで与えられた。それに神の愛の宣教者会についてはノックス大司教のみならず、シスターたちが貧困者、教育のない人たち、家のない人びと、ハンセン病者のために働いているインドの各地からの報告が教皇庁に届いていて、ファンが多かったのである。

一九六五年二月一日、神の愛の宣教者会は教皇認可の会となった。修道女の総数は三〇〇をこえていた。一九六五年七月二六日、マザーテレサはシスターたちのグループを連れてベネズエラのココロートにおもむいた。会の最初の海外宣教である。

インドからの外の呼び声に応えてシスターたちを送り出したときにも、なおカルカッタの窮乏は大きく、インドの問題も山積していた。それでも、マザーはそこに見捨てられた貧しい人たちがいると聞くと、海をこえて出掛けて行くのである。ベネズエラについでセイロンのコロンボに、ローマのスラムに、タンザニアのタボラに、レバノンのベイルートに、またオーストラリア先住民のためにと、愛と世話が必要な人がいると聞くと、それがどこであっても、呼ぶ声を聞いては応えていく。どのような危険も、戦火さえもマザーをひるませることはなかった。

一九八二年夏、イスラエル軍がPLOを砲撃して、西ベイルート市街が燃え上がったとき、彼女は非常な困難をのりこえてベイルートにかけつけた。そこには多くの障害児のための〈子供の家〉があったからである。そしてまさに砲撃の合間をぬってマザーとシスターたちは数十人の障害児を安全地帯に救い出したのであった。

このようにして一九九三年現在、世界中に建てられた神の愛の宣教者会の家は五〇四を数える。

人間の品位を生きることができるように

マザーテレサの仕事のあらましを見てみると、そこに明らかな特徴が現れている。

そのひとつには、この章の冒頭に、死を待つ人の「必要に迫られて」と書いた、仕事の始め方である。仕事はつねに、苦しむ人の呼び声に応えることで始まる。その誰かのために、やむにやまれず献身するのであって、「わたし」の「事業」はない。だから、あらかじめの計画などもない。

マザーにとっては、ひとりひとりの一回限りの人生が限りなく尊い。愛し合うようにつくられたいのちが愛を経験するためには、たとえそれがその人の最後の瞬間にすぎなくても、労苦をおしまずに尽くす。悪臭も不潔も、信仰や人種の差も彼女をためらわせることはない。その人が人間の品位を生きることができるように、これがマザーのすべての仕事の目的である。この目的のためにマザーは全存在で行動をおこす。

マザーの愛はセンチメンタルなものではない。人が自分の潜在的な自助能力をひきだし、希望と自恃の心をもち、自分もまた他人を愛することを知って生きられるようにはからうという質のものである。彼女は、きわめて実際的に仕事をする。

マザーの愛は伝染する。接する多くの人の心に響き、その人びとの愛をいわば励起する。この点については次の節でのべたい。

分析すればこのような四点を指摘できる。しかし、マザーの仕事のきわだった特徴は、このような諸点をひっくるめた全体で、なにか非常に真実なものだということにある。

連帯の輪

マザーテレサの特質

マザーテレサはまわりの人間をまきこむ人である。そのことに本人だけがあまり気づいていないようなのだが、この特質は大きな意味をもつ。

シャンティーナガール〈平和の村〉に週二回、無報酬で手術に来る外科医がいることにはすでに触れた。どういう経過だったのか。彼はヒンドゥー教徒だが、マザーの講演を聞いて、自分も医者としての技術を生かして奉仕に加わることを申し出たのである。それまでの彼は、ハンセン病患者はもちろん、貧しい人間には手を触れることもしない医師だった、という。この村では、手術の日は医師も助手のシスターも終日休むひまもないほどに忙しい。その医師が言う。「ここへ来ることは、わたしにとって喜びなのですよ。マザーテレサに会わなかったら、この喜びは知らなかったでしょうね。」

〈死を待つ人の家〉〈子供の家〉〈施薬所〉……あらゆるところで、多くのボランティアたちが働いている。その人たちは人種、国籍、宗教など関係なく、インド国内からも国外からも、やって来る。そこで、病人を運んだり、赤ん坊にミルクを飲ませたり、大釜で炊き出しの雑炊を煮たり、病人用

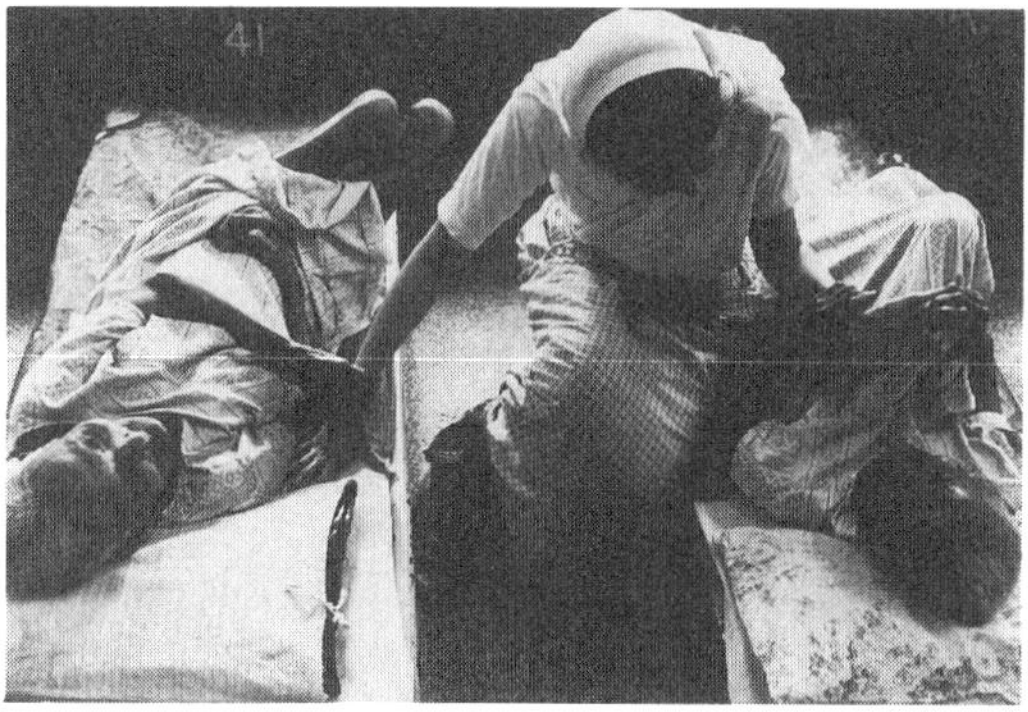

死を待つ人の家にて
ボランティアの手をしっかりつかむ人たち。沖守弘氏提供

の毛布を大きな湯ぶねのなかでオールのような木の棒でかきまぜながら洗ったり……。〈死を待つ人の家〉の屋上には、まるで洗濯屋のようにオリーヴ色の毛布がぎっしりと干されている。大男たちは黙々と働く。

実際、世界の悲惨を凝縮したような場所に、無名で無報酬で働く人たちが、引いては寄せる波のように集まってくる。そして働きながら、静かな、不思議な和らぎと喜びとを味わっている。このようなかたちで修道会の活動に参加する人びとの行動する存在自体が、マザーテレサの仕事の性質をあらわしていると思われる。たとえて言えば、ある場所を月光のようにやわらかな光が照らすとき、そこにある物たちが、その光に誘発されるように、その物の内部からの光で輝き出す、そのようなことが起きていると思われるのである。それは、神の光を反映するマザーの在り方が多くの人の生きようを内側から変えていくということであるらしい。こうしてマザーの周辺には彼女とともに働きたいと望む人びとの連帯が生まれてくる。連帯は徐々に世界中にひろがっていった。

マザーとともに働く連帯のなかに、ボランティアとはすこし異なる四つの組織が形成された。

神の愛の兄弟宣教者会
協労者のグループ
病者・苦しむ人たちの輪
観想修道会との絆
それぞれについて、短く紹介しよう。

神の愛の兄弟宣教者会

マザーテレサは底辺の人たちのために働くうちに、しばしば、司祭や男子修道者の存在がさしせまって必要となる経験をした。その必要に促されてマザーは新しい修道会の設立を考えた。それは、彼女の女子修道会に似た男子の修道会であって、神の愛の宣教者会と同じ精神によって訓練され、シスターたちとともに働く会である。

彼女の期待をこえるほどの人物が現れた。オーストラリア出身のイエズス会士、イアン＝トラヴァース＝ボール神父である。イエズス会士は長い修道的、哲学神学的訓練を経て、その仕上げに、神の意志をこれからの自分の生き方のなかに実現するための修練期に入る。トラヴァース＝ボール神父はこの修練期に、マザーテレサとともに同じ精神をもって、スラムの貧しい人のなかの最も貧しい人、最も困っている人、見捨てられた人の間で働くようにという神の招きを感じた。神父もまた深夜の駅の暗闇のなかで、そこに住みつく乞食一家の姿に、キリスト誕生の夜を思い浮かべた人である。

彼の修道会の長上も兄弟たちも彼を激励した。仲間のひとりが、このようにマザーテレサの家の発展を助けるのを、みなが喜んだ。

マザーテレサは男子修道会の創設のために、この修道生活の経験があり、若くて活動的で、完全に訓練された修道司祭が現れたことを神の祝福として感謝した。

こうして一九六三年三月二五日に、ブラザース修道会が誕生した。トラヴァース＝ボール神父は以後ブラザーアンドリューという修道名をとり、会の総長として新しい会の指導、運営に当たった。会は、数人の司祭をふくむ修道士会として成長し、苦難の多い地で地味な活動をつづける。会員は特別の修道服ももたず、簡素な服を着て、わずかに印として、シャツまたは上着にピンでとめた十字架をつけている。

協労者のグループ

正式には、〈マザーテレサ協労者国際協会〉である。協会設立の趣旨は、協会会憲の冒頭に次のように記されている。

マザーテレサ協労者国際協会は、世界中のあらゆる宗教あらゆる宗派の男女、若人、子どもで構成される。構成者は、あらゆる階級あらゆる信条の、貧しい人のなかでもいちばん貧しい人への心からの無報酬の奉仕をとおして、仲間である人間のうちに神を愛そうと願い、また祈りと犠

牲の精神のうちに、マザーテレサと神の愛の宣教者たちと自分をひとつに結ぼうと望む人びとである。（沢田和夫訳参照）

初代会長はアンナ＝ブレーキー夫人。設立の日は、アンナ＝ブレーキーが初めてマザーテレサをキダーポルの母子診療所に訪ねた、一九五四年七月二六日となっている。

当時、アンナ＝ブレーキーは英国人のビジネスマン、ジョン＝ブレーキーの夫人としてカルカッタに住み、インド中の女性のためのボランティア-グループの一員として忙しい生活を送っていた。その年の六月の非常に暑い日に、妊娠七カ月だったアンナ＝ブレーキーは、力仕事に耐えられない気持ちでボランティア活動を休み、自宅のヴェランダに座った。「今から何をしようかしら。」家には使用人たちと乳母もいる。そのとき、ふと、「マザーテレサに会って、マザーのために何かをしよう」という考えがうかんだ。彼女はマザーが赤ん坊をゴミ箱から救い出し、スラムの子供たちを教え、クリスマス-パーティーを催すことを聞いていた。やっとマザーの居所を探し出して、友人とともにマザーを訪ねたのが七月二六日であった。

マザーはクリスマス-パーティーに来る貧しい子供たちのためにドレスやシャツやズボンが手に入ったらと思った。アンナ＝ブレーキーとグループの人たちは手頃な布を買ってきて服を縫った。さまざまな玩具もつくった。クリスマスのあと、マザーはグループを訪ねて協力に感謝し、それから頼んだ。「イスラム教徒の子供たちの毎年のお祭りを祝ってあげるのに、新しい衣類を集めてくださいますか。」アンナ＝ブレーキーは、この次にはヒンドゥー教徒の子供たちのお祭りが来ると考えた。彼女たちの前に一年分の仕事が列をつくって待っていた。こうして「釣られ」ました、とアンナ＝ブレーキーは言う。彼女たちはマザーのために作業仲間をつくって、包帯を巻き、丸薬を入れる紙袋貼りをし、またハンセン病患者のための募金に立った。

アンナ＝ブレーキーがイギリスに帰ってから、協労者会のイギリス支部が生まれた。彼女たちは仕事の基礎を祈りと奉仕においた。はじめにはインドのためにお金をつくり、衣類を送っていたが、ロンドンのなかの貧しさを見たマザーは、身近な人びとを助けることを彼女たちに求めた。グループの人びとは、いま、老人ホームで、孤独な老人、精神障害者、その他の患者のためにも働いている。このような奉仕は単にあまっている物を寄付するのではなく、自分の時間とエネルギーと必要な物と能力資源と心とを贈ることを意味した。協労者会は国中にひろがり、やがて世界中にひろがった。ちなみに、いままでいく度も名前をあげたアイリーン＝イーガンも協労者のひとりである。彼女は、マザーテレサの詳細で信頼できる伝記を著した。本書はその著書から多くの資料を得ている。

ゆったりと大きな組織となった協労者の人たちは、日々次の祈りをしながら、神の愛の宣教者たちと祈りにおいてひとつになる。

貧困と飢えのうちに生きて死ぬ世界中の仲間に、主よ、仕えさせてください。

わたしたちの手をとおして、今日この人びとに日々のパンを与えてください。わたしたちの理解をとおして愛を、平和と喜びを与えてください。

主よ、あなたの平和を人びとにもたらす道具として、わたしをお使いください。

憎しみのあるところには愛を、
不当な扱いのあるところにはゆるしを、
分裂のあるところには一致を、
疑惑のあるところには信仰を、
誤っているところには真理を、
絶望のあるところには希望を、
くらやみには光を、
悲しみのあるところには喜びをもっていくことができますように。
慰められることをもとめるよりは慰めることを、
理解されることよりは理解することを、
愛されることよりは愛することを

求める心をお与えください。
わたしたちは自分に死ぬことによって自分を見いだし、自分自身に死ぬことによって
永遠のいのちをいただくのですから。
アーメン
(沢田和夫訳)

マザーテレサが、修道会員と協労者とが祈りのなかで一致するように毎日の日課として定めたこの祈りは、〈聖フランシスコの平和の祈り〉として知られているものに基づいている。
協労者会創設のときアンナ=ブレーキーのおなかにいた子供はその八月に生まれた。「もし、この娘があのとき生まれてくるのでなかったなら、私は協労者会づくりにかかわっていなかったことでしょう」と会長ブレーキー夫人は言う。偶然のきっかけとも、また、ひとりの胎児のいのちが多くの人間のいのちの輪のリンクとなる瞬間とも思えることである。

病者・苦しむ人たちの輪

マザーテレサがロレット修道院を出て、新しい修道会創立の準備の時を過ごしたのは、先にものべたように、ガンジス河のほとり、パトナの聖家族病院においてであった。彼女はそこでジャックリーヌ=ド=デッカー嬢に出会った。マザーとともに働くことを熱望しながら、その願いが病身のために果たせなかった女性である。彼女の深い霊性を知って、マザ

ーは、これから始めようとする新しい会のために、その祈りと苦しみの支えを求めた。祈りと無垢の者の苦しみとがもつ大きな贖《あがな》いの力をマザーはよく知っていた。マザーの心境は、聖書が伝えるパウロの思いと同じものであった。「兄弟の皆さん、われらの主イエス＝キリストにより、また聖霊の与える愛によってお願いします。どうか神に対してわたしのために祈り、わたしといっしょに戦ってください」(『ローマ人への手紙』一五・三〇)。

ジャックリーヌ＝ド＝デッカーは病のために故国ベルギーに帰った。彼女宛ての手紙で、マザーが新しい会の理想、目的、感情を打ち明けていたことについては先にのべたとおりである。病者・苦しむ人との連帯の絆はマザーの会の始まりから強く結ばれていた。

一九五二年一〇月にクリーク通りの家の二階からジャックリーヌ＝ド＝デッカーに宛てて書いた手紙のなかで、マザーは〈病者・苦しむ人たちの輪〉の意義と構想を明らかにした。

　今日は、きっとあなたを非常に喜ばせることを書こうと思います。……どうしてわたしたちの会に霊的に結ばれるようにならないのですか。わたしたちがスラムで働いている間、あなたは苦しみと祈りとをもって、功績、祈り、働きをともにします。なるほど仕事は、とほうもなく大きく、わたしは働き手を必要としています。しかし、わたしは、あなたのように仕事のために祈り、苦しむ人を必要としています。あなたは、わたしの姉妹となって、体はベルギーにあっても、魂はインドにいる神の愛の宣教者となってください。この世界では、わたしたちの主を慕い求める人たちがいますが、彼らのために負債を払ってくれる人がいないために、彼らは主のもとにくることができないでいます。あなたは、真の神の愛の宣教者になり、彼らのために負債を払うでしょう。一方、シスターたち……あなたのシスターたちは、彼らが神のもとにくるように肉体において助けます。……このことすべてを祈ってください。あなたの願いが何であるかを知らせてください。わたしは、次のような会を持ちたい思っていますが、そのような人を多く必要としています。

1天にある栄光の会
2地にある苦しむ会……霊的な姉妹たち
3そして戦闘的な会……戦場におけるシスターたち

あなたは、シスターたちが魂の戦場で悪魔と戦うのを見て、きっと非常に喜ぶでしょう。彼女たちは、こと、魂に関することなら、どんなことでもさして苦にしません。

わたしたちの主は、ご自分の苦しみのかくも大きな部分をあなたにわかち与えるだけ、あなたを多く愛しておられるのです。あなたは幸いな人です。

（吉沢雄捷・初見まり子共訳）

一九五三年一月の手紙から、

わたしは、あなたが神の愛の宣教者会の苦しむメンバーの仲間入りをしてくださったことをうれしく思います。あなたとすべての病者・苦しむ人たちは、わたしたちのすべての祈り、仕事、わたしたちが人びとのためにするすべてのことをともにしています。そしてあなたがたは、祈りと苦しみをとおして私たちと同じことをしています。

あなたのご存知のとおり、会の目的は、スラムの貧しい人たちの救済と聖化のために働くことによって、十字架上のイエスの魂に対する愛の渇きをいやすことにあります。あなたやあなたのように苦しんでいる人ほど、このことをよくできる人がありましょうか。

わたしたちが、共通にもたなければならないのは、わたしたちの会の精神です。……神の愛の宣教者になりたい人は、誰でもどんな人でも、歓迎されます。しかしわたしは、とくに体のなえた人、不具の人、不治の病をもつ人の参加を望みます。なぜならば、この人たちは、多くの人をイエスの足もとに連れてくるからです。

（吉沢雄捷・初見まり子共訳）

一九五五年三月の手紙から、

仕事が非常につらいとき、しばしばあなたがたひとりひとりを思い起こします。そして神に祈ります。「わたしの苦しんでいる子共たちをごらんください。この方たちの献げる愛のゆえに、この仕事を祝福してください」と。祈りは直ちにききとどけられます。ですからあなたがたは、わたしたちの宝庫であることがおわかりでしょう。

（吉沢雄捷・初見まり子共訳）

ほかの手紙でマザーはジャックリーヌ＝ド＝デッカーに書いた。「苦しみが多くなればなるほど、十字架上のイエスにより深く似た者となります。あなたは祈るとき、イエスに、わたしを十字架上のあの方により近く引き寄せてくださるようにと求めてください。わたしたちが、そこでひとつになるように」。

これらの手紙は、マザーもまた、アシジの聖フランシスコのいう〈地上における完全な喜び〉の思想を抱いていたことをあらわす。キリストのために苦しむことを受け入れるのみならず、キリストの受難とひとつになることを求め、それによって主といっそう相似たものとなるとき、魂はこの喜びに達する。マザーは、ジャックリーヌ＝ド＝デッカーはじめ〈病者・苦しむ人たちの輪〉に属する兄弟姉妹と、とくにこの喜びをわかちあっているのである。

この輪はフランスその他三〇カ国にもおよぶ国々にひろがり、数千人の病者・苦しむ人たちが神の愛の宣教者会に結ばれている。

観想修道会との絆

一九七四年九月に、フランスを旅行したマザーテレサはジョルジュ＝ゴレ神父に会った。神父はマザーがジャックリーヌ＝ド＝デッカーと同様に、自分の分身とも思うほどの親近性をもって交流している人である。マザーは神父にひとつのことを依頼した。

彼女は、神の愛の宣教者会のひとつひとつの修道院が、どこか観想修道会の修道院と霊的な養子縁組を結ぶことを希望していた。彼女はゴレ神父に国際的な規模でこの縁組をすすめるように願ったのである。

観想修道会では修道者は、世間から離脱した静寂のなかで神に祈り、神に身を捧げる。神に現前することで世界の現実の核心に現前する。沈黙の祈り、とくに、深夜の祈りのなかで、修道者はしばしば、世界の叫びをきき、その苦悩を担う。神の愛の宣教者たちは世間の底辺にとどまって、苦しむ人びとの傷を洗い、ハンセン病者の膿と涙をぬぐう。

マザーの願いは、このように地上では遠くへだたってたがいに相見ることのない二つの修道院が、対をつくって、それぞれの働き、経験を交換し、それをとおしていっそう豊かに神に仕えようとすることである。

この試みの結果はすばらしいものであった。ちょうど一年のうちに、ドイツ、イギリス、ベルギー、カナダ、スペイン、フランス、イタリアそしてルクセンブルクのおよそ四〇〇の修道院が喜びと熱意をもって、縁組の申し入れに応えてきた。キリストとの一致のうちに、祈りと犠牲と労働が宣教会のために捧げられはじめた。ゴレ神父は、双方の修道者たちの間にあふれ出てきた新しい喜びに心を打たれた。彼は、「驚くべきこと！　ほかに比べようもない！」と書いた。これは、カトリック教会のなかで古くから、〈聖者たちの交わり〉とよばれてきた愛の交流、たとえていえば二つの泉が地下水脈でつながっているような交わりであるのだが、「わたしの喜びがあなたがたの内にあり、あなたがたの喜びが満たされる」（ヨハネ福音書一五・一一）というキリストの約束が実現するとき、それはつねに、新鮮な驚きをひきおこすのである。

ゴレ神父が亡くなったあとも、彼の努力は受け継がれ、また発展した。マザーテレサは、シスターニルマナにその役割を託した。彼女は神の愛の宣教者会の観想修道院の院長である。修道会の間の霊的養子縁組はしだいにポーランド、アメリカその他の国々にもひろがった。アングリカン（英国国教）の観想修道院とも結ばれている。

シスターニルマナがあるカルメル会修道院院長から受け取った手紙は、マザーテレサが最初の修道生活を始めたロレット修道会について、また、このような修道会の間の絆について、ひとつの貴重な事実を伝えている。

このことには、あなたもマザーテレサも興味深くお思いになるのではないでしょうか。もう昔のことですが、マザーテレサがカルカッタでローマの決定を待っておいでになっていた頃、ロレットのマザーカニシアは、その新しいお仕事のために祈りを献げるよう私どものシスターにお頼みになったのです。一九四〇年代のその日から、私どもは、マザーテレサとそのお仕事のためにお祈りしつづけてまいりました。お仕事の新しい発展をうかがうたびに、心をこめて使徒的な関心をお寄せしました。あなた方の会が四人のメンバーでいらして、どなたも存じ上げなかったそのときから、皆様をお支えするよう希望しつつ、私どもの会は御会に結ばれていました。これからも、シルカーの神の愛の宣教者の方々とくに縁組しながら、これをつづけてまいるつもりでございます。

連帯する献身の意味

マザーテレサの献身は、彼女ひとりのことにとどまらず、周囲に、たがいに献身する空気をつくりだしていくことを特色とする。献身の連帯が生じる。この特色を〈平和〉という言葉の本質に関連づけた人がいる。プレスビテリアン信徒で国際委員、世界銀行総裁、ロバート＝マクナマラである。彼は一九七五年にノーベル賞委員会に対して、マザーテレサをノーベル平和賞に推薦する手紙を送った。一九七九年に授賞が実現したとき、式典の挨拶のなかにこのマクナマラの推薦状は引用されている。

わたしは、一九七五年のノーベル平和賞にカルカッタのマザーテレサを指名することに賛成の意を表明いたします。

多くの公的立場にある人びと……が平和運動を促進し、そのために表彰にあたいします。だが、わたしはマザーテレサこそ、ノーベル平和賞の独特の栄誉にふさわしいと確信するのです。それはマザーが、可能なかぎりもっとも基本的な道で平和をすすめている、つまり人間の尊厳の不可侵性を非凡なかたちで再確認しているからであります。

マザーはこれを、極貧の人びと……どこにも方向転換できないほど不利益な立場にある人びとの困窮を助けることをとおして行っています。マザーはこの人びとに、その宗教、人種、国籍、政治的信条にかかわりなく献身しています。マザーがこの人びとに献身するのは、ひたすら、彼らの、ひとりひとりの、人間存在であるという本来的価値のためであります。

マザーの仕事はセンチメンタルなものではなく、現実的な実効的なものです。そして、周囲にひろがっていくものです。国際的、超宗派的な協会、マザーテレサの協労者たちは、世界のいたるところで数を増していきながら、マザーのインスピレーションのもとに、同じ努力を尽くしています。

しかし、マザーの仕事の組織構造よりさらに重要なことは、これが伝えているメッセージであります。真の平和とは単に敵意がないことをいうのではなくて、個人がたがいに、正義と共感、共苦でもって関係し合うような社会の秩序から出てくる平穏さを意味します。

ロバート＝マクナマラ世界銀行総裁は、日々、最貧国の危機に対処する立場から、連帯する献身の意味を深く洞察していたのである。

マザーテレサの祈りと献身は、現実の呼び声に応えて、現実の深みからわきあがり、現実に広くひろがってそれを変えていくものである。協力者たちとの連帯がそれを証している

III　平和の祈り

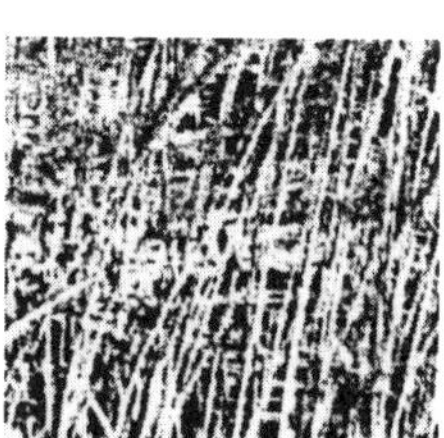

アシジのフランシスコ

マザーテレサは、一三世紀イタリアのアシジの人フランシスコのものといわれる「平和の祈り」を「神の愛の宣教者会」および「マザーテレサ協労者国際協会」の会員たちの一致の絆として選びだした。また、マザーが〈地上における完全な喜び〉についても、アシジのフランシスコと思いをひとつにすることもすでにのべた。ではフランシスコはどのように生きた人であったのか。この節ではすこし趣をかえて、マザーがこれほど「気が合う」聖人を簡単に紹介してみよう。

小鳥の説教

二〇〇〇年このかた、キリストに倣って聖者となった無数の人びとがある。その人びとの生き方はひとつの壮大なオーケストラを構成するさまざまな楽器の演奏ぶりにたとえることもできるのだが、聖人たちは本当にさまざまな生き方で神を讃美してきた。そのなかで聖フランシスコの生き方はきわだった特色をもっている。

フランシスコは明治以来、日本で最も親しまれた聖者の一人である。「ブラザー・サン、シスター・ムーン」をはじめ彼を主人公とする映画は多くの観衆を集めたし、〈小鳥の説教〉の話もよく知られている。

チェスタトンの表現を借りると、フランシスコが鳥のたくさんさえずっている森で説教しようとした時、彼は礼儀正しい仕種をして「小さな姉妹たちよ、もしあなたがたが、今おっしゃりたいことを終えたのなら、今は私のほうが話を聞いてもらわねばならぬ時なのです」と語った。すると、あらゆる鳥は静かになった、という。この話はふつう、無垢の聖者の心が無心の小鳥にも通うというメルヘンめく物語として受けとられている。たしかに〈小鳥の説教〉は、フランシスコの面影をいきいきと示すものであり、そうして事柄そのものとしては、われわれには、フランシスコの生涯の単に一挿話にすぎないように見える。しかしながら、古くからの伝記はいずれもこれを重大にあつかっている。実際にジョットー以降、フランシスコの生涯を描いた壁画にはほとんどかならずこれがとりあげられている。聖者の生涯に行われた奇跡という意味においてである。近代の人びとには、別の意味で、別の角度から、これを見る解釈がある。つまり、これは、フランシスコの愛が、人間だけでなく、一切の生物に、さらに全自然に及んでいるということの表現であるとする見方である。そのような印象からフランシスコは、ひたすら春の光のようにおだやかで慈愛にみちた天衣無縫の人と受けとられて、人びとは、怒らず争わず無抵抗の博愛主義者であるフランシスコ像をいだくことになる。

こういうフランシスコ像から良寛が連想されるかもしれない。安易な比較はつつしまねばならな

小鳥の説教　インドのプーナにあるクリスタ＝プレマセヴァ＝アシュラムに描かれている。マハトマ＝ガンディーもここに滞在して瞑想した場所である。

いのではあるが、貧しく生きて、床下の地面から生えてくる筍《たけのこ》のために庵の床をはがしたり、里の童と手鞠をついて日を暮らす良寛の姿にフランシスコと相通じるものを感じるのも本当である。しかし、そのような良寛の印象のかげに、意志の人、行動の人があるのと同様、フランシスコには〈小鳥の説教〉をめぐる右のような三つの解釈には入りきらないところがある。それは、フランシスコの世界観、人間観からくる生き方である。どのように世界を観、どのように生きることを考えるか、フランシスコには、はっきりとした恒常的な姿勢があったのであって、「平和の祈り」も〈小鳥の説教〉もこの姿勢から出ているものと思われる。では、この根本的な心情の具象化として「太陽の歌」を引用しよう。

「太陽の歌」

いとも高く、万能にして、恵みふかき主よ。
讃美、栄光、ほまれ、すべての恵みは主のものなれ
いと高き主よ、こはみな主のものにして、
人はその御名をよぶにも足らず。

讃《ほ》むべき哉、主よ、主のつくりませる物みなと、
ことに昼を与へわれらを照り輝かす
はらから太陽と。
日は美しく眩《まぶし》きまでに照り渡る、
かれこそは主の御姿、ああ高きにいます主よ。

讃むべきかな、わが主よ、わがはらから月は星は、
主はこれをみ空に作りたまひ、すみて貴く美はし。

ほむべきかな、わが主よ、風は、
大気は、雲は、曇りてはまた晴るる日和《ひより》は
これによりて主はその造りましものを育みたまふ。

ほむべきかな、わが主よ、やさしきはらから水は
いとやく立ちて、低きにつき貴く清らなり。

ほむべきかな、わが主よ、はらから火は
夜のくらきを照らし、
美はし、たのし、たけくつよし

ほむべきかな、わが主よ、はらから母なる大地は
われらを育みわれらを治め、
木の実を結び、花を装ひ、草をはぐくむ。

ほむべき哉、主よ、主の愛によりて人を許し
病にたへて憂き艱を忍ぶものは、
めぐみあれ主によって静かに耐ふる者に、
いと高き主よ、主の冠はかれにあらん。

ああほむべき哉、わが主よ、はらから死は、
誰か死をのがれん　いけるもの皆は。
いたはしきかな罪の死に亡ぶ者は。

されどほむべきかな主の聖意にすむ者は、
第二の死の害《そこな》ふことはあらじ。

主を頌《ほ》めたたへ、主に感謝せよ、
いとへりくだりて主に仕えよ。

（黒田正利訳、なお旧字は新字にかえた）

これは大正一三（一九二四）年の訳詞である。数多くの翻訳のなかでこの訳をまずあげたのは、フランシスコの、いささか古めかしく恭しい言葉遣《うやうや》いにこの古典的格調がふさわしいと思うからである。次に昭和六〇（一九八五）年の平明で美しい訳詩を紹介する。

高くましまし、いつくしみ深い全能の主よ。あなたには讃美と栄光と名誉、そしてすべての祝福があります。あなたはそれにふさわしいからです。あなたのみ名を呼ぶにふさわしいものは、この世にひとりもおりません。讃美を受けてください、私の主よ。あなたがお作りになったすべてのものの讃美を受けてください。とくに私の兄弟、太陽の讃美を受けてください。太陽は昼を来させ、その昼の間、あなたは私たちに光を注いでくださいます。太陽は美しい、大きな輝き。高くましますあなたのお姿は、太陽の中にうかがうことができます。讃美を受けてください、私の主よ、私の姉妹、月と星の讃美を。あなたは空の中に、月と星を明るく美しくお作りになりました。讃美を受けてください。私の主よ。私の兄弟、風の讃美を。大気と雲と晴れた空の讃美を。これらの兄弟のもとに、あなたはすべての生き物を養ってくださいます。讃美を受けてください。私の主よ、私の姉妹、水の讃美を。水は役立ち、つつましく清らかです。讃美を受けてください。私の主よ。私の兄弟、火の讃美を。火を使ってあなたは夜を照らしてくださいます。火は美しく楽しく、勢いよく力強いものです。讃美を受けてください。私の主よ。私の姉妹、母親大地の讃美を。大地は私たちを育て、支え、たくさんのくだものを実らせ、きれいな花と草を萠えださせます。

讃美しよう。歌をささげよう。感謝の歌をささげ、深くへりくだって、主に仕えよう。

讃美を受けてください、私の主よ。私たちの姉妹、肉体の死の讃美を。生きるものはすべてこの姉妹の手から逃げられない。大罪を背負って死ぬ者は不幸ですが、あなたの聖なる御旨を行いながら死ぬ者は幸いです。第二の死にそこなわれることはもうありませんから。（小川国夫訳）

「太陽の歌」では、大自然がこぞって神を讃美しているとも、大自然を通してフランシスコが神を讃美しているとも読める。しかし、すこし注意深く読むとき誰でも、この讃美に単なる自然崇拝や汎神論的楽観主義をこえるものがあることに気づく。なぜ、「われわれを育みわれらを治め、木の実を結び、花を装ひ、草を育む、母なる大地のゆえに神に讃美」というまさにその歌が、「誰ものがれられぬ、姉妹、死」のゆえに神をほめたたえる言葉で終わることになるのか。誰もがいだくこの素朴な問いがでてくるところ、そこにフランシスコの行き方を理解する鍵、したがってまたマザーテレサを理解する鍵があるように思われる。だから、ここから出発しよう。

聖なる人

この歌をつくったとき、フランシスコは死にかかっていた。

「太陽の歌」は、傷つき衰えたフランシスコがようやくのことで故郷アシジに辿りつき、盲目となり、すでに死を前にしていた暗黒のなかで歌った歌なのだ。そのとき聖者は、クララが彼のために自分が住むサン-ダミアノの庵の庭に小枝を編んでこしらえた小屋に身をよこたえていた。たしかにアシジは明るく美しい、サン-ダミアノの庭はかぐわしい。しかしフランシスコは死に瀕していた。讃歌はその死の床の、失明の暗黒のさなかからほとばしり出た歌であった。

フランシスコは、「母なる大地」と「死」との双方を同じ視野におさめることができる地点に立っていたのだ。その地点に立って、彼は大地と死において神を讃美したのだ。この地点を聖といってみよう。

チェスタトンは聖なる人について次のようにのべている。

善人から聖人への移行は一種の革命である。善人が、万物は自分のために神を説明し解明していると感じるとすれば、聖人はひとつの根本的な転換によって、神が自分のために万物を説明し解明していると感じているのである。それは、恋をしている男が意中の人を一目見て花のようであると言い、そのあとに、あらゆる花が意中の人を思い出させると語る際の逆転にやや似ている。また、一輪の同じ花のそばに立つ聖人と詩人とは同じことを言うように思われるかもしれない。彼らは二人とも真理を語っているとしても、しかし別々の真理を語ることになろう。一方にとっては生の喜びが信仰の原因になるが、他方にとってはむしろ信仰の結果なのである。しかし、この差異がもたらすひとつの結果として、芸術家にとってはきらめく稲妻の閃光のような神への依存の意味が、聖人にとってはいっぱいに溢れる日光のようなものとなる。彼は事物の存在する向こう側で、ある神秘的な意味において生きているので、われわれの大部分の者とはちがって、この世の道路の上で事物が姿を現すのに出会うのではなく、仲のいい家庭から子供たちが出て行くように、事物が神の世界から外へ出て行くのを見るのである。

「事物の存在する向こう側」に生きるとはどういうことか。それは「無」としか言いようがない聖なる地平にあることである。しかし、この「無」は不思議な慈悲で磁化されている。右に引用したチェスタトンの言い方では、それは、「日光のよう」に事物をも聖者をも死をも、つつむ。一七世紀の哲学者マルブランシュの言い方では、それは、万物がそこに存在する「場」である。フランシスコはこの「場」にあるからこそ、ともに存在する事物を「兄弟なる火」とか、「姉妹なる水」とよんで挨拶する。兄弟、姉妹という言葉は単なる詩的レトリックではない。

ふつう、詩人が全創造を称賛するというとき、一般に詩人が全宇宙を称賛するということだけを意味している。だが、詩人フランシスコは創造の行為という意味において本当に創造のことを讃美しているのである。彼は無から実在への飛躍を讃美する。彼は単にあらゆる「有」を評価するだけではなく、あらゆるものがそこから創造された「無」をも評価するのである。だからこそ限りない感謝とおごそかな依存の感覚でフランシスコは生きる。チェスタトンが「ある神秘的な意味において」フランシスコが生きていたというのは、この徹底した〈創造されて存在を得た者〉の感覚を指すと思われる。われわれの日常生活では、このような基礎的な事実は、カーテンでへだてるように、意識から忘れさられているのであるけれども。

「事物の存在する向こう側」で生きるフランシスコの感謝は底のない深淵に向かう。神に対する讃美は「無」に根拠をおいている。こうして、彼は「姉妹なる死」をとおして神をたたえる。彼は「無限の感謝を底無しの穴に投げ入れているのである」(チェスタトン)。一言でいえば、フランシスコにとっては、神が神であられることで十分なのである。そのことのうちに、彼は全き安らぎとすべての喜びを見いだす。彼が自分のうちに見いだす空無は解放されたスペースとなり、そこで神はさらに創造の業をつづけられる(エロワ=レクレール)。この姿勢が、愛を、宥《ゆる》しを、一致を、信仰を、真理を、希望を、光を、喜びを人びとにもたらすことができるようキリストに祈る「平和の祈り」の根拠となっている。

「太陽の歌」が表現する、このような生き方は、自分のために何も取っておかない生き方である。困ったときのあのつらい思いさえも大きな感謝のうちに捨てさる。ここで無所有と明るい透明さとがつながる。

自由な貧しさ

フランシスコは具体的にどのように生きたのだろうか。彼の具体的な生活の原理は自ら求めた貧しさにある。

もともと、彼自身は、「富める者」の階級に属していた。フランシスコは一一八二年に、アシジの織物商の夫婦の子として生まれ、その成長期を中世イタリアの都市国家間におこった戦争の時代にすごした。いつの時代にもいる若者のつねとして、おしゃれで遊びにあけくれカッコよさに憧れて青春の血をわかせた。アシジとペルージアの間の戦いには槍兵の一隊に加わったという。生まれつきの礼儀正しさと陽気さと親切できわだっていて、彼は「一生涯金銭とは何かを正確に理解しない人種にありがちな仕方で、贅沢と慈善の両方のために金銭を浪費」していた（チェスタトン）。彼はたしかに神学者でもなければ、哲学者でもなかった。しかし彼は福音書を読んだ。福音書は「事物の存在する向こう側」を啓示していた。深い感謝と依存の生き方がそこにあった。

福音書は語る。

「空の鳥をよく見なさい。種も蒔かず、刈り入れもせず、倉に納めもしない。だが、あなたがたの天の父は鳥を養ってくださる。」（マタイ福音書六・二六）

「野の花がどのように育つのか、注意して見なさい。働きもせず、紡ぎもしない。しかし、言っておく。栄華を極めたソロモンでさえ、この花のひとつほどにも着飾ってはいなかった。今日は生えていて、明日は炉に投げ込まれる野の草でさえ、神はこのように装ってくださる。まして、あなたがたにはなおさらのことではないか、信仰の薄い者たちよ。だから、『何を食べようか』『何を飲もうか』『何を着ようか』と言って思い悩むな。」（マタイ福音書六・二八～三二）

「イエスは、……言われた。『財産のある者が神の国に入るのは、なんとむずかしいことか。金持ちが神の国に入るよりも、らくだが針の穴を通る方がまだやさしい。』」（ルカ福音書一八・二四、二五）

神がおいでになる。フランシスコには、そのことだけで足りた。神だけで満足し、他の一切を無にする単純において彼は生きた。

フランシスコを慕って、ともに生きようと彼のもとに集まって来た人びとがあった。そのような人びとがつくった兄弟団の根本的戒律もここからでている。

＊兄弟たちは、個人としても団体としてもいかなる種類の財物も所有しないこと。

＊労働すること、他人に奉仕すること、それに対して「貧しい人びとのように」喜捨を受けてよい。

＊喜捨がない場合、必要ならば施物を乞いに行くべきこと。施物によって生きることは最高の貧困であること。

兄弟たちはいかなる場合にも所有の絆に拘束されず、自己の使命に従うために財産や誘惑から自由でなければならないのである。労働に対する報酬の権利からさえ自由になろうとする。

自己自身の財産をもたない巡礼者が生きるための正直な手段は、彼ら自身の労働によるか、他人から与えられる施物によるか、の二つしかない。施物に依存する乞食はフランシスコにとっては、聖なる行いであった。

「我らのためにこの世において自己を貧しくした神の子はわれわれより高貴である。」

「彼のためにわれわれは貧困の道をえらんだのであって、乞食に行くことを恥じてはならない。」（チェラノ第二伝記七四）

「貧困と謙遜において神に仕えるこの世における巡礼者、旅人として、あくまで施物をもとめに行け、――これは最も崇高な貧困の頂点である、財において貧しく、徳において富むこと」（戒律）

フランシスコにとって労働と乞食とは自発的貧困の生活の二面にすぎない。乞食は他人の善意に依存することであり、これはすべての人間が神に依存することの象徴である。したがって彼にとっては乞食は端的に神聖なのである。

マザーテレサとフランシスコを結ぶ次の一点に注目したい。

フランシスコにとって貧しさの勧めは純粋に宗教的性格のものであって、なんら社会運動の意味をもたない。フランシスコにとっては自発的な貧困はまず「キリストの模倣」であった。それは必ずしも目的に対する手段としての禁欲苦行ではない。しかし重要なことは、キリスト自身は貧困そのことを理想として説いたり、禁欲を要求してはいないことである。

では、なぜ〈貧しさ〉はキリストに倣うことにとって本質的なのだろう。

貧困の理想――それは自己を貧困なる者にしたキリストその人である。

この理想に忠実であることは誠実（自分に対する、また他人に対する誠実）と謙遜と単純に直結している。神のみに満足し他の一切を無にする者の感謝と依存とに直結している。われわれが完全に無所有になるとき、同時に一切のものが賜物となる。あらゆる存在が恩寵となる。一切のものに対する感謝がわいてくる。聖者は一切のものに感謝をこめる。すべての善いものは、それを贈り物と知るときに一層善いものとなる。われわれが何物も所有しないとき一切のものは神からの贈り物となる。

アシジの街角

しかしフランシスコは自分でこのように考えだしたとは思っていない。彼にとって、これは神から与えられた道である。彼が貧しさを求める心情は神を求める心情と同様に熱烈である。フランシスコのこの自発的な、したがって自由な貧しさにおいてフランシスコは真に自由に生きていた。

改革のエネルギー

アシジのフランシスコ大聖堂にチマブエによる聖母の壁画がある。その壁画の向かって右の端にフランシスコは茶色の修道服をまとった小柄でつつましい姿に描かれている。澄んだ目がこちらを静かに見つめている。実際のフランシスコの面影をよく伝えると評されているこの肖像画の前にたたずむとき、どのような地位からも、どのような権力からも離れて生きたこの人が、全くの素手でどれほど大きく世界を変えたかが思われてくる。彼は、神の平和と愛と宥しそのもののように世界を歩きまわったという。彼の存在は人びとに、神とも自然とも、そして一番むずかしいことではあるが、自分自身とも和解できるのだということを示している。生きたインスピレーションの流れがフランシスコから流れ出てくる。

一二世紀末から一三世紀初頭にかけての、もっとも中世らしい中世に生まれ育ち、そのよいものを十分に吸収しながら、フランシスコは、自らひとつの流れの源として立っている。

これが何を意味するのか、フランシスコの生きた時代を見てみよう。

時代は一三世紀、カロリング時代につぐ中世第二のルネサンス期にあたっている。旧世代と新世代の対立がある。そのひとつをあげれば、十字軍はすでに終わって、大聖堂の建立と学問の奨励が新時代の要請であったのだ。教会においてもベネディクト会やドミニコ会が創立されている。最初の博物学者ロジャー＝ベーコンやトマス＝アクイナスなどという天才が生み出される時代である。しかし一方、キリスト教世界は、秩序を重んじるあまり煩瑣《はんさ》になったり、硬直に陥ったり、さらに富む者の傲慢や残酷がはなはだしくなったりしていた。その時代に生きてフランシスコは原始キリスト教にもどろうとする。キリスト教会に対する反逆ではなくて、本来キリスト教において生きられていた〈人間同士の分かち合い〉を生きようとする、そのような人間観をよみがえらせようとする。

いま、「富む者」が「貧しい者」に施しをすることを考えてみる。慈善行為は形としてはそういう施しである。

だが、フランシスコが「貧しさ」を理想とし、実践したのはそれとは異なる。つまり、施しをするのではなく、彼が施しを受けて生きるのである。当時の社会で、貧しい者といえば、乞食を意味した。ボロをまとい、道行く人に物を乞う最下層の人びとである。いわば無一物の生活である。そのなかで〈受けた施しを分けあう〉。ここにいわゆる福祉事業とは根本的に異なる立場がある。チェスタトンが言うように、多くの博愛主義者や善意にみちた官僚でも心のなかには非常に冷たくぞっとするような軽蔑を秘めながらそのような仕事をすることがある。どのような計画や提案や効果的な再整理でも、それによってだけでは、打ちひしがれた人が自尊心と、自分が対等な人と向き合っているという感覚をとりもどすことはない。だが小鳥に向かってさえも礼儀正しく敬意をこめて話しかけるフランシスコの姿勢は、どんなにくじけている人にも人間のうちの最も高貴な部分をよみがえらせる。人びとに新しく出発しようと語りかける。このような意味でフランシスコにおいてキリスト教のルネサンスが実現したのであるし、また、これが今日では、漠然とキリスト教社会主義とよばれ、もっと正確にはカトリック民主主義とよばれ得る多くのものの源泉にあるものである。

フランシスコはただ美しいだけの物語が背景となる人物ではなかった。時代を越えて、あの静かに澄んだ目で挑戦している人である。マザーテレサが引きつぐもの、それはフランシスコから流れ出した精神的霊感なのだと思われるのである。

今日の貧しさ

二〇世紀の貧しさは、物質的な財産をものさしとして測られ得るものではない。

マザーテレサはカルカッタの路上生活者のなかに、富裕階級に生まれながら子供として愛されることなく、傷ついた心を抱いて家を出た青年がいるのに出会った。そのとき彼女は、いやすことがむずかしい、奥深い貧しさを見た。パンに飢えている人にはパンを施せばよい。しかし、孤独に苦しむ人の心の飢え、自分が〈自分〉でありたいという思いがみたされない飢えはさらに深刻である。誰からも求められず、愛されず、見捨てられた人びとは世界中のどこにもいる。富む家のなかにも貧しさがあるように、富む国のなかにも、特殊な貧しさがある。

たしかに近代科学はすべてを数量化する方法をとおして発達し、さまざまな技術の面でも物品を製造する点でも非常な進歩をとげてきた。それはすばらしいことである。しかしながら、人が人間存在そのものをも技術世界の論理のなかで処理しようとする傾向が生じるとき、それは、人間の最も大切な面が見落とされ、見失われることにつながっていく。人間の心は数量化される世界に居場所をもたないからである。機能で測られる世界において心は涸《か》れていく。ここに二〇世紀の、物質的に富む国の〈荒廃した貧しさ〉がある。

あまりの苦しみのなかにあるとき、人は生きる希望を見失う。それが戦争であれ、災害、病気あるいは物質的、精神的貧困であれ、非運はしばしば、人びとから立ち上がる力を奪う。マザーは自分の仕事について次のように言ったことがある。「今のような開発の時代に人はみな急いでいて、何かを追っかけているみたいで、道端には競争に耐えられなかった人たちがたおれていくのです。こういう人たちを、わたしは大切にし、こういう人たちに仕え、世話したいと思っています。」

マザーは、ただ、その人に手をおき、ほほえみかけ、すこしの言葉をささやく。それだけで人びとのなかに希望がよみがえるのを多くの人が目撃している。

秘密は、マザーの心には誰のためにも居場所があることなのだ。最も人間社会から恐れられ忌み嫌われたハンセン病者のためにもそうである。

キリストはらい病者に手を触れて、いやした。

アシジのフランシスコはらい病者に接吻した。

マザーテレサもまた、絶望しかけているらい病者の頭を両手でつつむのだが、それで、病人の不安が拭い去られるのである。

キリストの渇きに

生き方の原型・源泉キリスト　マザーテレサはフランシスコの精神的霊感を引きついでいる。そして、そのフランシスコはキリストを、鏡に映すように、身に映しだして生きていたと思われる。前節で、フランシスコは大地と死との双方を同じ視野におさめ得る地点に立っていた、そして彼は大地と死において神を讃美した、とのべた。そしてこの場所を聖と見たのだが、キリストにこそ、この聖という言葉はふさわしい。キリストは、フランシスコの生き方のみずみずしい原型であり、また、マザーテレサの言葉・行動のすべての源泉なのである。

　のちにキリスト（メシア）とよばれるナザレトのイエスは、およそ二〇〇〇年前に、この世のただなかに生きていた。われわれと同じように飲み、食べ、眠り、あるときは嘆き怒り、あるときは涙し、あるときはほほえみ、そして祈った。人びとともに呼吸し、人びとの間を大地をふみしめて歩いた。この世で、「事物の存在する向こう側」を人びとに啓《ひら》きみせながら、旅をした。空の鳥、野の花の、ほんとうの姿を澄んだ眼で見ることを教えた。父のみ手から、つまり不思議な愛によって磁化されている「無」から、すべてのものが、また、ひとりひとりの人間が創造されてきたことを語った。彼は天の父の眼ですべてを見た。ぶどうの木を見、すずめを見、幼児を見た。ひとり子を亡くした母の心を見た。病む人、罪の重みにうちひしがれている人の魂を見た。物欲や高慢で荒れ果てた人をも見た。彼は父の心を語り、父の業をつづけた。病む人、らい病者に手をさしのべて触れた。キリストの全身から力が流れ出た。こうして多くの人びとがいやされた。

イエスの姿

神の導きが見えなくなってしまった人にキリストがどのように対応して、その人の眼から妨げをとりのぞいたのか聖書を引用しよう。

ある律法の専門家が立ち上がり、イエスを試そうとして言った。「先生、何をしたら、永遠の命を受け継ぐことができるでしょうか。」イエスが、「律法には何と書いてあるか。あなたはそれをどう読んでいるか」と言われると、彼は答えた。「『心を尽くし、精神を尽くし、力を尽くし、思いを尽くして、あなたの神である主を愛しなさい、また、隣人を自分のように愛しなさい』とあります。」イエスは言われた。「正しい答えだ。それを実行しなさい。そうすれば命が得られる。」しかし、彼は自分を正当化しようとして、「では、わたしの隣人とは誰ですか」と言った。イエスはお答えになった。「ある人がエルザレムからエリコへ下って行く途中、追いはぎに襲われた。追いはぎはその人の服をはぎとり、殴りつけ、半殺しにしたまま立ち去った。ある祭司がたまたまその道を下って来たが、その人を見ると、道の向こう側を通って行った。同じように、レビ人もその場所にやって来たが、その人を見ると、道の向こう側を通って行った。ところが、旅をしていたあるサマリア人は、そばに来ると、その人を見て憐れに思い、近寄って傷に油とぶどう酒を注ぎ、包帯をして、自分のろばに乗せ、宿屋の主人に渡して言った。『この人を介抱してください。費用がもっとかかったら、帰りがけに払います。』さて、あなたはこの三人のなかで、誰が追いはぎに襲われた人の隣人になったと思うか。」律法の専門家は言った。「その人を助けた人です。」そこで、イエスは言った。「行って、あなたも同じようにしなさい。」（ルカ福音書一〇・二五〜三七）

律法学者はイエスをおとしいれるために、試そうとしたとも考えられる。しかしまた、彼は、悪意よりもなお厄介な具合に病んでいたのではないか、とも思えるのだ。

律法学者は最初、「何をしたら永遠の命を受け継ぐことができるか」をたずねた。その問いは律法ですでに答えられている。「神を愛し、隣人を自分のように愛すること」として答えられている。その正しい答えを知っていてもなお、彼はわからない。まだ問わずにはいられない。「隣人とは誰ですか」と、概念の定義を求める。どこまでも、書かれた文字の上をさまよっているばかりで、彼は目の前の現実から遊離してしまっている。「見ても見えず、聞いても聞こえず」という状態で彼は結局、何も理解しない。だから、目の前の人間に対しても、ほんとうの人間同士の交流はのぞみようもなく、ただ「試してみる」だけのかかわりしかもてないでいる。

イエスはこの人を一挙に、死んだ言葉の世界から生きた現実にひきだす。「隣人」という定義が先行するのではなくて、彼自身が当事者として隣人になるべきことなのだ、と。イエスは発想を一八〇度転換する。彼はたとえ話を語った。概念ではなく現実の状況に人をひきいれた。そこではじめて、まことの理解がえられる。そうして「あなたも同じようにしなさい」と生きる実行をうながした。相手を生きる者の世界へと招いたのである。

このたとえ話は多くの含みをもっている。神に仕える祭司や律法の専門家であるレビ人のような同国人が見捨てた、半死半生のユダヤ人をサマリア人が親身に介抱する、というものである。ユダヤ人はつねづねサマリア人を見下げていて、両者は交際することもなかった間柄である。このサマリア人が律法を知っていたかどうか、それは問題ではなくて、彼は目の前の人間の苦しみを自分の苦しみのように感じとった。「憐れに思って」と訳された原語は「はらわたがいたんで」を意味するという。このサマリア人は人と人とが根本的なところでかかわるという、人間本来の姿を示している。民族の違いも、差別された民族のうらみもどこ吹く風という風通しのよさで、自由に生きている。人間はもともと、このように生きるように創造されたのではないか。律法はそのように生きるために与えられたのではなかったか。

聖書が伝えるイエスの姿は、律法学者の悪意の試みをはずす見事さよりも、さらに根源的なところに立って人間をいやす者として描き出されている。

律法主義の弊害

そのころのユダヤ民族社会を眺めてみよう。紀元六年以来、ユダはローマ直轄領となっていた。国はローマ総督によって支配され、ユダヤ人はローマに税を納める義務をおった。それはユダヤ民族にとって耐えがたいことであった。

しかし、この民族が強大な外国の支配下にあったのは、これが最初ではない。あのダヴィド、ソロモンの栄光のあと、パレスチナの地は、アッシリアに、バビロニアに、時代が下がってアレクサンドロスに、ついでエジプトに、またシリアによって攻められ支配されてきた。前四〇年にヘロデはローマで王位を受け、ローマ人に助けられてエルサレムを奪取したのである。強国に囲まれたこの民族はつねに政治問題で苦悩した。それは異教の神々を拝むことにつながる、民族のアイデンティティの危機の問題であった。

ユダヤ民族は、こうした不運のかずかずを律法に対する不忠実からくると考えた。民を再建し、民に平和と幸福と繁栄とをとりもどすためには律法を忠実に守らなければならない、と。律法を学び、生活をそれにそって営むことが人生最大の重大事となった。こうして律法は限りなく細分化した。律法の心は失われ、律法の言葉が民の生活をがんじがらめに縛った。律法はもはや、人の内面から肯定されたいましめとして人を生かす力をもたなかった。ひと言でいえば、神の律法を伝えたモーゼから一三世紀をへて、イエスの時代には、人を生かす神の律法は単なる律法主義に変わっていた。律法の心ではなく、文字が大前提となった律法主義は人間を盲目にした。

たとえば安息日の掟がある。家族全員、使用人にいたるまで、また寄留民、家畜のすべてが、仕事を休んで、神に目を向ける日であった。万物が本来何によって生かされているかを深くかえりみる。すばらしく意味のあることだった。それが形骸化されて、安息日の掟は禁止条項のリストとなった。何かを運んではいけない、タオルでも。八〇〇メートル以上歩いてはいけない。病人を治療してはいけない……などなど。律法は神のみ旨から離れていた。そのようにして社会は病んでいた。

イエスは病根をひと言で示した。「安息日は人のためであって、人が安息日のためにあるのではない。」この言葉は、「律法は人のためであって、人が律法のためにあるのではない」と言い換えてもよいと思われる。ユダヤ社会の有力者たちにとって、律法主義者たちにとって、そのようなイエスは大変めざわりな、危険人物となった。

彼は誰なのか

イエスの生き方は、当時のユダヤ社会の枠組み、常識、価値観をみじんに砕くものであった。ではイエスは革命家であったのか。そうではない。既存の体制を破壊して別の体制を実現しようとする、いわゆる革命家のなかには、入らない。イエスはこれとは全く異なるところに立っていた。それを見てみよう。

ユダヤ社会は地位と階級とによって構造化されていた。たとえば、そこでは女と子供はほとんど存在を認められていなかった。貧しい人や異邦人、また、律法の禁止事項にひっかかって罪人とされた人びとは、彼らの人間性と苦悩以外には何ももっていなかった。イエスは、そのような社会で、女性に対しても、男性と基本的に同じ品格をもつ者として接した。子供は虐げられた人びとの象徴であったが、イエスはこれに特別の価値をおいて言った。「あなたがたは、これらの小さな者のひとりをも軽んじないように気をつけなさい。」貧民、罪人としていやしめられ、差別されている人びとのところにも、イエスは出かけて行き、ともに食事をした。しかしまた、富む者や指導者階級の家庭にも出かけた。イエスはどのような立場の人をも、ただひたすら人間として愛した。全く普通のこととして静かにそのように振る舞った。しかし、それは当時のユダヤ社会において、奇異な、非難されるべき行為であった。

そもそもイエスには、組織がつくりあげた隔ての壁が全く存在しなかったのである。彼にとっては、草も木も小鳥も、すべての人間も、それぞれに天の父の手から出てきて、そこに生きていた。人の手がつくる差別の壁でおしやられていた人びと、苦しめられていた人びとが、このイエスの不思議な人格に、知らず知らずにひきよせられて近づいた様子が聖書のいたるところに見いだされる。弱い立場の人びと、病人も、娼婦も、卑しいとされていた仕事をしていた人びともイエスに近づいてきた。らい病者の場合が典型的である。当時、この人びとは、汚れた者として厳しく隔離されていた。それにもかかわらず、彼らはイエスのもとにやって来た。何とかして来たいと思った。彼のところに来ていいということを疑いもしなかった（静一志）。彼らの悲しみや苦しみはそのまま、イエスのなかに流れていった。イエスの「はらわたがいたんだ」。そうして、イエスのなかからある力が、流れ出た。彼の眼から、双手から、身体全体から発散してきた。だから、イエスがその場にいるだけで、錯乱した心が鎮まり、苦しみの因《もと》である怒りの衝動は消え、凶暴であったその表情に、われにかえった人の正気の色と人間らしさが戻ってくるということがおこった。

イエスと人びととの結びつきには、あるいは植物や動物との結びつきにも、その無底の底のようなところに、何か無限の尊いことがあって、いのちがそこを流れているというふうなのである。イエスは神のみ手から出た生そのままを肯定する。そのひとつひとつは、創造されたままのかたちで善なのだ。イエスの善は道徳的な意味の善ではない。善悪の対立の一方の善ではない。人間社会の都合からいう善ではない。存在の根源的なところに立って、存在することを肯定する意味の善なのである。そのイエスからは、いのちの恵みが溢れ出てきた。イエスは「わたしの内におられる父が、その業を行っておられるのだ」（ヨハネ福音書一四・一〇）と言った。

人の罪を

イエスは神を知らせ、祈り、病む人をいやし、寂しさに絶望する者をなぐさめ、惨めさに苦しむ者の苦しみをともに担った。多くの民衆が彼の周囲に集まった。だが、祭司や律法学者たち、ユダヤ社会の指導者たちは、それだからこそイエスを危険人物と見なした。宗教の権威者と自任している彼らには、イエスにおいて神の業がなされるのが「見ても、見えなかった」。だから「わたしと父とはひとつである」(ヨハネ福音書一〇・三〇)というイエスを冒瀆《ぼうとく》の罪で糾弾した。宗教的にも社会的にも既成の秩序、彼らの手がつくりあげた秩序を破壊するイエスを、なんとしても排除しなければならない。さもなければユダヤ社会は滅ぶ。こうして彼らはイエスを、死にあたる罪をおかした者としてローマ総督に訴えた。

人は、自らがつくりあげた善悪の基準にてらして、イエスを死にさだめた。すでに『創世記』はアダムの名において、人間が自ら神のごとくになろうとして、その倒錯のために罪と死にしずんだことを記していた。イエスは、人の、この根源的な罪の結果を一身に負って、十字架上に死ぬ。

最後の晩餐

死の前夜、イエスはユダヤ社会の指導者たちの計画を知り、自分が選んだ使徒のひとりの裏切りを知り、死が目前に迫っているのを知って、弟子たちと最後の晩餐をとった。

ヨハネ一三章はこの時のイエスの内面を次のように記した。イエスは、この世から父のもとへ移る自分の時が来たことを悟った、と。イエスは、父がすべてを自分の手にゆだねられたこと、また、自分が神のもとから来て、神のもとに帰ろうとしていることを悟った、と。その言葉はただちに、

「世にいる弟子たちを全き愛をもって愛しぬかれた」という言葉につづく。そこには、すでに裏切りの心を定めたユダも同席していた。「父のもとへ移る」とは「愛しぬく」ことなのだ。神、「無を磁化する愛そのもの」から出た者が、死という虚無のかなたへ、いのちの主である神のもとに帰ろうとする。それは「愛しぬく」行為による。「全き愛をもって愛しぬいた」と訳された言葉「エイス　テロス　エガペセン」は、「きわみまで…死にいたるまでの愛」の意味をふくむ。ここで愛とは十字架の上で人間の死を自ら引き受ける愛、死をとおしてくる救いの愛のことである。

このうえなく荘厳なこの時を自覚し、弟子たちをきわみまで愛して、イエスは何をしたのか。それはまさに「たらいに水をくんで弟子たちの足を洗い、腰にまとった手ぬぐいでふく」ということだった。弟子ひとりひとりの足を洗った。ユダ、この彼自身を売ろうとするユダの足も洗った。洗足は当時、奴隷の仕事であった。それなのに師が弟子の足を洗う。弟子たちの困惑をヨハネは伝えている。ペトロはイエスがそのように自分ごときもののために身をかがめることに耐えられなくて抗議した。しかし、イエスは答えた。「わたしのしていることは、あなたには今わからないが、後になればわかる」。「わたしがあなたを洗わなければ、あなたは、わたしとなんのかかわりもなくなる」。弟子のひとりひとりとの、この「かかわり」とは運命の共有をあらわす言葉である。

洗足の行為が、またこの「かかわり」が何を意味するのか、弟子たちは、十字架の死と復活の後に初めて理解した。それは単に、人間関係のあるべき姿を教えるものではなかった。洗足はすでに十字架の死による、ひとりひとりの罪のきよめを示していたのだ。

イエスはかつて、いやされようとして運ばれて来た中風の人に「あなたの罪は赦された」と告げた。ある律法学者がこれを聞いて冒瀆の言葉だと思った。イエスはそれを見抜いて「『あなたの罪は赦された』と言うのと、『起きて歩け』と言うのと、どちらがやさしいか…」と言い、中風の人をいやして家に帰らせた（マタイ福音書九・一〜八）。イエスは、まず、人の苦悩の最も深いものをいやしたのだった。重い病気のとき、人は切に生きたいと願う。死にいたる病では孤独にしずむ。しかし、罪責からくる孤独はさらに荒涼として重い。

人は自分が有限者にすぎないことを知らぬわけではない。しかし、自分でつくりあげた善悪の基準をもって世の中を自分の思いどおりにしようとする。人を裁く。人を利用し、ないがしろにし、人を裏切り、人をふみにじる。子どもの世界においてさえ、はや、陰湿ないじめで、ひとりの子を死に追いやることがある。人は自分が回復させる力をもたないものを、たやすくも破壊してしまう。だが、人間の掟では処理しきれないところ、償いきれないところに陥ったことを自覚するとき、人は、「赦す」という権威がある者の言葉に飢え渇く。実存の深みでそれを知る。ことの善悪の基準、いのちの基準はまさに創造主に属していたのだ。詩編は神に対するこの負い目を嘆き祈る。


神よ、わたしを憐れんでください。

御慈しみをもって。
深い御憐れみをもって
　背きの罪をぬぐってください。
わたしの咎《とが》をことごとく洗い
罪から清めてください。

あなたに背いたことをわたしは知っています
わたしの罪はつねにわたしの前におかれています。
あなたに、あなたのみにわたしは罪を犯し
御目に悪事と見られることをしました。
わたしを洗ってください。
　雪よりも白くなるように。
（詩編五一・三～六、九）

まことに罪の赦しは神のみが与えうる。罪による実存の亀裂に手を触れていやすことができるのは神だけである。父とわたしはひとつだと言うことができる者、神の子は、弟子たちのひとりひとりの前に身をかがめて、その罪を洗った。イエスは、人がその実存の深みに秘した罪、人格の奥に触れて、それを清めた。こうして、ひとりひとりを真のかかわり——運命の共有——においた。それは、弟子たちもまた、神のもとにかえるキリストとともに在ることができるためである。

神が罪を赦す。その得がたさが身にしみてわかるのは、赦されても赦されてもまた背きつづける人間の現実を知るときであろう。イエスはその人間の弱さを何の幻想もなしに見ていた。十字架の道を自分のものとして受け入れ、十字架の血によってすべての罪責を洗う。人間の負い目をあがなう。

食事の最中にイエスは聖体を制定した。自身の身体、血を養いの糧とした。

イエスはパンを取り、賛美の祈りを唱えて、それを裂き、弟子たちに与えながら言われた。「取って食べなさい。これはわたしの体である。」また、杯を取り、感謝の祈りを唱えて、彼らに渡して言われた。「皆、この杯から飲みなさい。これは、罪が赦されるように、多くの人のために流されるわたしの血、契約の血である……」

（マタイ福音書二六・二六〜二八）

こうして、人間のひとりひとりに、すべての罪を洗うイエスの恵みのなかに立つ道が開かれた。イエスはこの晩餐において新約の掟を弟子たちに与えた。唯一の掟である。

わたしがあなたがたを愛したように、互いに愛し合いなさい。これがわたしの掟である。

（ヨハネ福音書一五・一二）

イエスは数百にも細分化していた旧約の掟を、この愛という一事に凝縮した。ここには旧約で言い古された真理を活性化する以上の意味がある。イエスは人間を神のもとにともなう。

新約の愛

新約の愛は、愛し合うこと、つまり一方的に愛するだけではなく愛されることをふくむことで特徴づけられる。出会う人と自分とはともに、ひとつの根源的なかかわりのなかに在る、それが人間のほんとうの在り方だということが示されている。イエスのたとえで言えば、「わたしはぶどうの木、あなたがたはその枝である」。多くの枝が相互につながりあって、「木」の樹液で生かされている。イエスは、十字架の愛をもって、すべての人をこの交わりに招く。ここに新約の地平が開かれた。

人びとが、たがいに存在を認めあい、たがいにゆるしあい、たがいに自分を与えあうことをとおして、いのちの樹液は流れる。しかし、「たがいに」愛し合うといっても、相手とする範囲を自分のエゴイズムで区切ってしまうなら、いのちの愛は阻まれる。たとえば人を招待するとき、相当の返礼を期待できる相手にかぎるのであれば、それは表面的な交際にとどまって、いのちの交流にはいたらない。イエスの場合には、相手とする範囲がめっぽうひろかった。自分を裏切るユダをも、自分を捨てて逃げた弟子をも、死刑におとしいれた人びとをも心にかけた。次に、かなりデリケートな、またはっきりした区別なのだが、これは、ひたすらお返しを求めずに与え、徳たかく相手が愛し返すか否かに超然とした態度とは別の心である。そちらの方なら、重要なのは自分が義《ただ》しく行動することであって、相手はその徳行の受け皿にすぎなくなる。対等な人格のかかわりではない。イエスには、相手はもっと大切だった。

イエスは、人びとと交わるとき、相手の中心に真心をもってかかわった。そうして、この愛の力が人の中心をいやして内面から変わることを可能にした。イエスが、「善きこと」をして人びとの間に在ったというのは、人びとを愛し、多くの人の心に愛の灯をともしたことを意味する。しかし、自動的に愛が生ずるのではない。愛はほんとうに自由なかかわりのなかに生まれる。イエスは人びとが愛を知ることを切望した。人びとが愛することを知り、いのちのなかで生きることができるということ、キリストはこれに渇いた。十字架の上から、キリストは、われわれによびかける。戻れ、いのちに戻れ、わたしはあなたをあがなった、と。

十字架上の渇き

ヨハネ福音書はイエスの死を次のように伝える

イエスは、自ら十字架を背負い、いわゆる「されこうべの場所」、すなわちヘブライ語でゴルゴダという所へ向かわれた。そこで、彼らはイエスを十字架につけた。……

この後、イエスは、すべてが今や成し遂げられたのを知り、「渇く」と言われた。こうして、聖書の言葉が実現した。そこには、酸いぶどう酒を満たした器がおいてあった。人びとは、このぶどう酒をいっぱい含ませた海綿をヒソプにつけ、イエスの口もとに差し出した。イエスは、このぶどう酒を受けると、「成し遂げられた」と言い、頭を垂れて息を引き取られた。

その日は準備の日で、翌日は特別の安息日であったので、ユダヤ人たちは、安息日に遺体を十字架の上に残しておかないために、足を折って取り降ろすように、ピラトに願い出た。そこで、兵士たちが来て、イエスと一緒に十字架に付けられた最初の男と、もう一人の男との足を折った。イエスのところに来てみると、すでに死んでおられたので、その足は折らなかった。しかし、兵士のひとりが槍でイエスのわき腹を刺した。すると、すぐ血と水とが流れ出た。それを目撃した者が証ししており、その証しは真実である。（ヨハネ福音書一九・一七、一八、二八〜三五）

十字架刑はローマ法による、国家反逆者に対する刑罰である。罪人は十字架に釘付けにされ、そこに放置されて死ぬ。ローマ人でさえ、恐ろしさに身震いせずにはそれを眺めることができないほどに凄惨な死刑である。

ヨハネが記録する状況は、イエスがわれわれと同じ骨、同じ肉をもつ人間として真に十字架刑の苦痛、渇きの苦悶を経験して、現実に死んだことを示しだす。ヨハネはさらに、イエスの死せる体から「血と水」とが流れ出たことを証言する。ヨハネはそのすべてをそのまま、旧約の成就と見た。ヨハネはこの残酷な出来事のなかに、しるしと象徴とを見、浄めの恵みを見、十字架上のキリストから流出する赦しの力、「生きた水」を見た。キリスト教徒はあつい思いをこめて、この場面をあおぎみる。人間の罪と救いの業とがこの場面に凝縮してあらわしだされているからである。だが、この短い記述にこめられている意味は聖書全体を背景にして理解されるべきものである。

かねてイエスは「永遠のいのちにいたる水」を約束した(ヨハネ福音書四・一四)。砂漠において生きものであるかぎりの生きもののいのちを支える水は、およそ人であるかぎりの人の渇きをいやす魂のいのちを象徴する。イエスは「わたしが与える水はその人の内で泉となり、永遠のいのちにいたる水が湧き出る」と言ったのである。

旧約においても、神の一切の恵みは、しばしば水のイメージで語られた。

あなたの家に滴《したた》る恵みに潤い
あなたの甘美な流れに渇きを癒す。
命の泉はあなたにあり
あなたの光に、わたしたちは光を見る。

(詩編三五・九、一〇)

生ける水の源である主
（エレミア書一七・一三）

荒野に水が湧きいで
荒地に川が流れる。
熱した砂地は湖となり
乾いた地は水の湧くところとなる。
（イザヤ書三五・六、七）

十字架上のイエスは死にいたる渇きのなかで苦しむ。ヨハネはイエスが「人の罪」のすさまじい破壊力を正面から受け取り、その苦しみを担って、死ぬのを見る。彼は、人間の死を味わい尽くして死ぬキリストにおいて愛のきわみの姿を見た。神の業を見た。

キリスト者の信仰は、イエスが十字架上の死をとおって、大きないのちの源へ帰ったこと、その愛の力によって今も人びとに根源的ないのちの水を与えつづけていることを信じる。

グリューネヴァルトの十字架像　ときおり、カトリック教会を訪れるとき、磔刑像のなまなましさに目をそむけたくなることがある。そういうとき、人は、聖像や聖画がどうしてこれほどに残酷さを表現しなければならないのかと戸惑う。たとえばフランス、コルマール市のウンターリンデン美術館には、マチアス＝グリューネヴァルトとして知られる一六世紀のドイツ人画家による祭壇画が展示されている。「イーゼンハイムの祭壇画」とよばれる。その中心に描かれた磔刑図ほど凄惨にキリストの死のさまを描きだしたものは少ないのではあるまいか。死体の重みでしなった横木に釘付けにされた両手の指が、空をつかんだままこわばっている。苦悶がそこに凝結している。筋肉はよじれ、土気色の全身はいたるところ鞭打ちのあとの血をにじませ、数え切れないほど、多くのとげのようなものがつきささっている。大きな茨の冠をかぶらされた頭は、がっくりとかたむいて、血の気の失せた口は最後のあえぎを吐き出したままの形で開かれている。なぜ、これほどに描かねばならぬのか。

死を待つ人の家にて

しかしながら、キリスト教の信仰の中心を思うとき、キリストの死の苦しみをリアルに描き出そうとする画家の意志が見えてくる。「彼は、われらの咎のために傷つけられ、われらの不義のために砕かれ、自ら懲らしめを受け、われらに安きを与う」というイザヤの預言の成就である。キリストの体が負う傷のむごさは、そのまま人間の罪の重さ、深さであるのだし、同時にその罪の結果を自らの上に負った神の、人間に対する救いの業を表しているからである。

グリューネヴァルトの祭壇画は、きれいごとではない神の救いの業を最も直接に表現しようとしたと思われる。この画は、もともとコルマールに近いイーゼンハイムの施療院の聖堂のために描かれた、という。そこには、重い皮膚病を病む人びとが収容されていた。病者は身体の痛苦にくわえて、不治の病の絶望と孤独にさいなまれる。この人びとほど、十字架上に見捨てられたキリストの意味を味わうことができる状況におかれる人は少なかろう。磔刑に思いを寄せるとき、死にいたる苦悩の孤独はもはや打ち捨てられた孤独ではなく、神によって抱かれたものであることを知る。生前のイエスはらい病者に近づき、手でその体に触れて病をいやした。復活したキリスト、いのちの源に帰ったキリストはひとりひとりの実存の底に、それがどのように無残なものであろうとも、そこに、ともにいる。そこに、単なる身体的ないやしよりもさらに深いいやしがある。神は、人間の苦しみをともに苦しみ、それを祝福に変えるものとして徹底的に苦しみ、死を遂げた。魂のふるえるほどの神秘がある。自分の苦しみがもはや自分だけの苦しみではないことを知る人間はキリストとともに苦しむことができる。自分の苦しみを十字架の苦しみにあわせることができる。それは、その当人だけにできる自由な行いである。

マザーテレサの原動力

マザーテレサのいのちの中心にキリストの渇きがある。だから、世界中のマザーの修道院では、聖堂の壁にかけられた十字架像のそばに「われ、渇く」という一言が書きそえられている。

キリストは受難において、渇いた。人間が愛のうちに生きることを切望した。この渇きこそがマザーの原動力である。この唯一の願いを現実のものにする仕方について、マザーテレサは次のように語った。一九七三年四月、ロンドンでテンプルトン賞を受けたときの謝辞のなかである。

私たちにはキリストは見えませんから、私たちの愛をキリストに言い表すことはできません。でも私たちの隣人なら見えますから、もしキリストの姿が見えるならしてさしあげたいと私たちが願っていることを隣人にはしてあげることができます。

神が私たちをお使いになれるように神に心を開きましょう。愛を行為に表しましょう。家庭で、隣近所で、往来でまず始めましょう。容易なことではありません。でも私たちの仕事はこれから始まるのです。私たちはキリストに協力する者、葡萄の株から出た、実を結ぶ小枝なのです。

（支倉寿子訳）

マザーは、目には見えなくとも、死をとおって大きないのちにはいったキリストが私たちとともに生きることを知っている。キリストは、ミサにおいてはパンのかたちで私たちに自分を与えつづけ、世の中では、「貧しい者」、「苦しむ者」、「人間の目に、とるにたりない小さな者」として私たちに呼びかけていることを知っている。このことを基礎づけるキリストの言葉を聖書から引用する。

明るい表情の子供たち

わたしは世の終わりまで、いつもあなたがたとともにいる。

（マタイ福音書二八・二〇）

わたしが命のパンである。わたしのもとに来る者は決して飢えることがなく、わたしを信じる者は決して渇くことはない。

（ヨハネ福音書六・三五）

お前たちは、わたしが飢えていたときに食べさせ、のどが渇いたときに飲ませ、旅をしていたときに宿を貸し、裸のときに着せ、病気のときに見舞い、牢のいたときに訪ねてくれた……。わたしの兄弟であるこの最も小さい者にしたのは、わたしにしてくれたことなのである。

（マタイ福音書二五・三五、三六、四〇）

キリストに対するマザーの愛と献身は、そのまま、最も貧しい人びとに対する愛と献身になっている。彼女の生き方は、「もし私たちが神を愛さないならどうやって隣人を愛することができるでしょう。また、もし私たちが隣人を愛さないならどうやって神を愛することができるでしょう」という道理を実現している。だから、彼女はシスターたちにも、次のように求める。

子供の世話をするとき、誰かの話相手や、相談相手になるとき、薬をあげるとき、誰に何をするときにも、いつも口もとにほほえみがあるように。治療を施すだけというのは、大きな間違いです。すべての人に、私たちの心を差し出さなければなりません。援助ということなら政府機関がたくさんのことをし遂げます。私たちは、別のもの、キリストの愛を差し出すのです。

（半田基子訳）

最も貧しい人びとへキリストの愛を運ぶ者になるためには、ひとりひとりの心が、まず、キリストの愛でいっぱいになっていなければならない。マザーを動かす力、それは彼女のなかで生きるキリストの愛である。だから、マザーテレサの心にも、民族や、国籍や、宗教の宗派や、また階級身分といった、人間の手がつくりあげた壁はない。

Ⅳ　世界の眼に

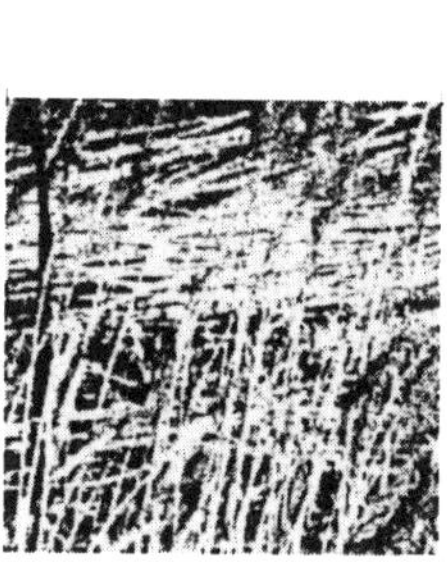

名声と批判と

マザーテレサは世界の眼をひきよせた。輝く栄誉が与えられたが、また、いくつもの棘にさされることにもなった。

数々の栄誉

一九六二年九月、マザーテレサはインド大統領からパドマ・シレー賞を受けた。神の愛の宣教者会創設後一二年目のことであった。これが、彼女が賞に選ばれた最初である。

パドマ・シレー賞はインドの名誉のなかで最高のものではないが、マザーの仕事に対するインドの評価を公に示すものであった。

授賞式はデリーの大統領官邸、ラストラパティー・バヴァン宮殿で行われた。ネルー首相の姉妹であるパンデイト夫人はそのときの模様を次のように伝えている。

「きらびやかな第一級礼装の儀仗《ぎじょう》兵がたちならび、音楽隊が演奏する壮麗な大広間に、この小柄な女性が入って来た時、彼女は普段そのままの歩き方でした。賞を受け取るのも、まるで病人か子供を拾いあげる時のようでした。けれども大広間はわきあがりました。足をふみならして拍手し喝采し、それが全く期せずしておこったのです。大統領を見ますと、両眼に涙がうかんでいました。」

同じ年、国際的に知られたマグサイサイ賞がフィリピン大統領によって授与された。マザーはその仕事によって最も尊敬すべきアジア女性のひとりと判断されたのである。彼女は受賞するためにマニラへ飛んだ。ロックフェラー基金によって支えられたマグサイサイ賞の副賞は五万ルピーに相当するものであった。それはマザーの急を要した計画、子供たちの家をアグラに建てるための費用をぴったりとまかなった。「ありがとうだけでは私の気持ちは表現しきれません」と、彼女は友人宛ての手紙に書いた。この受賞はマザーがキリストの愛の国際的な象徴として知られるのに役立った。

一九七一年は受賞の洪水だった。

ローマにおいて、ヨハネ二三世教皇平和賞がパウロ六世から授与された。賞にはバルザン基金による二万五千ドルの賞金がともなった。ボストンにおいて善きサマリア人賞が、ワシントンDCにおいてジョゼフ＝P＝ケネディ＝ジュニア国際賞が、また同地でカトリック大学の人文博士号が授与された。

一九七二年一一月、デリーにおいて国際理解への寄与のためにネルー賞受賞。インド大統領V＝V＝ジリ博士は次のように挨拶した。「マザーテレサは、人種、宗教、信念、国籍からくる、あらゆる障壁を乗り超える自由な人びとのひとりです。今日のこの苦悩する世界、数多くの衝突と憎しみによって不幸となった世界において、マザーテレサの生と仕事とは人類の未来のために新しい希望をもたらしています。」「おそらくいつの日か、人類は人間が抱えるさまざまな難問題に有効な解決法を考え出すでありましょう。しかしながら、共感、共苦が人間を人間とする条件として価値をもつ限り、あらゆるところに見いだされる挫折した人びとや万策尽きた人びとの希望は、少数の選ばれた人びと——与えることに徹する人びとの上におかれることでしょう。このような慈しみの使者のひとりがマザーテレサなのです。」

一九七三年四月二五日、ロンドン、ギルトホールにおいて、エディンバラ公からテンプルトン賞受賞。それにともなう賞金はただちにハンセン病患者のための施設にまわされた。

この受賞は、マザーテレサの愛のメッセージが宗教間の壁という最も面倒な境界を突破したことを強力に証明した。テンプルトン賞とはジョン＝テンプルトン夫妻によって相当な財産を基金として設けられた賞であって、「人びとの間で神がよりよく知られる」ことを目標としている。マザーテレサはその最初の受賞者であった。授賞選考のために、ヒンドゥー教、イスラム教、ユダヤ教、仏教をふくむ、世界の大宗教から九人の選考委員が出て、二〇〇〇人を越える候補者のなかからマザーテレサを選出したものである。

当日、ギルトホールは各宗教界を代表する人びと、ボンベイ大司教をはじめマザーテレサの協力者である招待客たち、そしてロンドン社交界の人びとで溢れた。ほとんどの人がイヴニングドレスの正装であった。ギルトホールの壇上で長身のエディンバラ公と大男のブレイク博士を前にして例の木綿の白いサリー姿のマザーテレサはまことに小さく見えた。

その日、エディンバラ公のもてなしは思慮ぶかいものであった。昼食会では簡単な魚料理の一コースだけが供された。食事のあいだ中、公はマザーに修道会のこと、仕事のことをたずね、マザーはなぜそれをするかを話した。「プリンス＝フィリップは魅力的でした」と、何日かたってマザーは言った。

一九七六年、アイオワにおいてオキーフ司教から〈地に平和〉賞およびカトリック異人種間協議会賞を受賞した。後者の賞はかつてマーティン＝ルーサー＝キングに授けられたものである。

一九七九年三月、ローマの国立アカデミーにおいて、イタリア大統領からバルザン国際賞が授けられた。賞は平和と人道主義と兄弟愛とを人びとの間にすすめるのに功のあった者に与えられるものである。この受賞は神の愛の宣教者会の仕事に三二万五千ドル相当の賞金をもたらした。

ノーベル平和賞

同年一二月一〇日、オスローにおいてノーベル平和賞受賞。賞はオスロー大学のアウラ-マグナ講堂において国王オラーフ五世、皇太子夫妻の臨席のもとに授けられた。

一九七九年は国連の国際児童年であったので、マザーテレサの受賞の年にふさわしいと思われた。しかし、ノルウェーのノーベル賞コミティー委員長であるサンネス教授は、一九七九年の意味をさらに広く敷衍《ふえん》した。

一九七九年は平和の年ではありませんでした。国々の、諸民族の、そしてイデオロギーの間で論争と衝突が極端なかたちの非人間性と残虐性とをもってくりひろげられました。われわれは戦争と無制御な暴力の行使とを目撃しました。われわれは狂信と冷笑とが相伴うのを目撃しました。われわれは人間の命と尊厳が蔑視されるのを目撃しました。

われわれは新規で圧倒的な規模の難民の洪水に直面しています。集団大虐殺という言葉が人びとの口にのぼるのも根拠のないことではありません。多くの国で全く無辜《むこ》の人びとがテロ行為の犠牲となりました。この年われわれは、さらに、ほんの一世代前にひとつの人種集団全体がヨーロッパにおいて抹殺されようとした、あのやり方を想起しました。一連のホロコースト・フィルムがわれわれを戦慄させましたが、それはわれわれ自身の、あまり遠くない過去からくる悪い記憶としてばかりではなく、一九七九年の世界を考察するとき、われわれのうち誰ひとりとして、未来に似たことがおきないという確信がもてないからです。

サンネス教授はこのような一九七九年であればこそ、ノルウェー＝ノーベル委員会がマザーテレサを選び出したということを述べ、F＝ナンセンの言葉を引用して、隣人愛はまさに現実的な深慮、方策なのだとつづけた。

マザーテレサのライフワークの中核をサンネス教授は「生命の尊敬」という言葉で表現した。それは貧しい人びとに対するマザーの仕事が上から見下す憐れみではなく、ひとりひとりの人格の尊厳を証明するという仕方で行われていること、また、この道によってこそ、人間家族を引き裂いている深い溝に橋渡しをすることができると説明した。マザーとそのシスターたちがインドのジャーナリストによって「キリストの愛の最良の象徴であると同時に仏陀からガンディーにいたるインド文化文明の最良を象徴する」と評されていることはこのサンネス教授の言葉を裏付けるひとつの事実と見られよう。

ノーベル賞は賞状と金メダルと賞金からなる。賞金は一九万ドルをこえるものであった。

勲章と名誉学位

一九八〇年三月、デリーにおいて、大統領からインド文民のための最高勲章、バラト・ラトナ（インドの宝石）勲章を受賞した。この国家最高の栄誉を与えられたのは、帰化した人としてはマザーテレサが最初である。

一九八三年一一月、デリーにおいて、エリザベス二世女王からメリット勲位を授与された。これはイギリスの最高の勲章のひとつである。女王のインド公式訪問中のことであった。このようにして、マザーテレサがこの勲章を得たことは、ちょうど一連の出来事が輪を描いて完結するさまを示すものである。なぜならば、彼女の仕事は大英帝国の解体のときに始まったのであるし、彼女自身は植民地支配の枷から自由を得たばかりの国に国籍を求めた女性だったのだから。

名誉学位については、すでに、一九七一年、アメリカのカトリック大学の人文博士号授与について触れた。一九七四年にカナダの聖フランシスコ－ザベリオ大学、一九七六年にニューヨークのイオナ－カレッジ、インドのヴィシュヴァ－バラティ大学、一九七九年にペンシルヴァニアのテンプル大学、一九八一年にローマのカトリック大学、一九八二年にはマサチューセッツのハーヴァード大学、と各大学から、あるいは医学の、あるいは法学の名誉博士号を与えられている。

おそらく最も思いがけない名誉博士号は、一九七七年六月一〇日に、イギリスのケンブリッジ大学から大学総長エディンバラ公によって授与されたものであろう。一二世紀前半に設立されたこの大学は、イギリス国教会がローマから分離してのちには、宗教改革の神学的中心のひとつとなっていた。マザーテレサはこの大学から名誉神学博士号を与えられたのである。彼女が大学総長に公式に紹介されるとき、大学を代表する紹介者はカトリック教会の古典的用語でよびかけた。Presento vobis, inter Domini ancillas haud minimam, Congregationis Caritatis fundatricem ac principem, Reverend Matrem Teresam.（私はあなたに、主のはしためのうちで最小ならぬ者、神の愛の宣教者会の創立者にして長上、尊敬すべきマザーテレサを紹介いたします。）参列者はこの荘重なラテン語の ancilla Domini（主のはしため）の語に、受胎告知のさい聖母マリアが自ら名乗られたときの、あの言葉の響きを聞き取った。

インドの栄誉のなかで、おそらく最も知名度の低いもの、しかしマザーテレサを深く喜ばせたものは、一九七六年、ガンディー・バヴァン、つまりガンディーの思想および平和の研究所の礎石を据えるためにアラハバッドに招待されたことであった。

「私は授賞式の中心人物ではありません」

マザーテレサの名声は全世界にひろまった。彼女が受けた誉れは右にあげたことで到底尽くせるものではない。教皇、大統領、各国の首相、閣僚、学者そして宗教者たちが彼女を讃えた。世界規模の重要な大会、講演会に招待されてマザーは東に西に飛んだ。

しかしこのような輝く栄誉はマザーテレサにとって、何を意味したのであろうか。

マザーは一九六二年の最初の受賞の折、栄誉ということにかかわる自分の根本的な立場を見定め、それ以後その立場を変えることがなかったと思われる。

最初の賞はインド大統領から与えられるパドマ・シレー賞であり、彼女は賞を受けるためにデリーに行かねばならなかった。彼女は受賞に抵抗した。大司教にたずねた。「私は行かない方がよいと思いますが」。すでに大司教はマザーをよく知る司祭たちに諮問して、マザーが虚栄とは無縁の人であることを知り、大統領が彼女に与える栄誉は彼女をとおして、貧しい人びとに献身するすべての修道者に与えることを意味すると考えていた。大司教は彼女に告げた。「マザー、あなたは行かなければなりません」と。そこでマザーは出かけたのである。

実際、カルカッタ大司教のこの考えは、ほぼ一〇年後、教皇パウロ六世によって公に語られた。教皇ヨハネ二三世平和賞授賞の際のことである。「謙遜なマザーテレサのなかに私は、最も困窮している人びとに日夜こころを尽くして仕えている何千人もの人びとの姿を見る思いがします。われわれみなが求めている世界平和の秘密がどこにあるか、マザーはそれを発見して、その実例とも象徴ともなりました。人間はわれわれの兄弟であるということ、これは、つねに本当に今日的な発見なのです。そして神の愛の宣教者としてわれわれを訪れたこの女性は兄弟性の使徒であり平和の使者であります。」

マザーテレサの謙遜は、賞を辞退することではなく、賞の栄誉が彼女個人を素通りするほど、自分が透明になっていることにあると思われる。「私は授賞式の中心人物ではありません。キリストが私を使って、そこにいる人みなをひとつになさるのです。人びとは神さまが必要ですから、たがいに会いにやって来る、そういうことがおこっているのです」と、彼女は断言する。

マザーは授賞の式典を自覚的に「キリストの平和を、あの方ご自身がなさったように説く」機会にしようとさだめた。キリストその人の業つまり、人種や宗派の違いを越える慈しみの業にはヒンドゥー教、イスラム教、仏教、儒教など世界の偉大な宗教的伝統が、また、すべての人の心が、共鳴した。

マザーは受賞講演をするときにも下書きを用意することはない。また、そういうことができない人である。自分の番を静かに祈りながら待ち、時がくれば唇に親指で十字架のしるしをめだたないほどにするだけで話しはじめる。授賞の辞に対する応えとして、彼女の真実の最も深いところから語る。その深みには、彼女の希望のたったひとつの根拠であるイエスが在る。

受賞講演で

テンプルトン賞受賞講演記録から抜き出してみよう。

私にこの賞をくださるということは、とりも直さず、世界中で私とともに愛の業に加わっているすべての人たちにくださることです。

現代もまた、あのときとおなじように、イエスは自分の民のところにきたが、民は彼を知らない、のです。イエスは貧しい人のくずれていくからだのなかに来ます。イエスは富む人、自分の富で窒息している人のなかにも、その人びとの淋しさのなかに来ます。誰も彼らを愛しません。たびたび、非常にたびたび私たちはイエスを見過ごしてしまいます。ここイギリスには、カルカッタや他の場所でもですが、たくさんの孤独な人びとがいます。その人たちの住所や部屋番号でしか他人に知られていない人たちです。それなのに、一体私たちはどこにいるのでしょう？　私たちはそういう人びとがいることを本当に知っているのでしょうか？……メルボルンではある老人のところを訪ねましたが、彼がいることさえ誰も知らなかったのです。老人の部屋がおそろしい有様なのを見て、私が掃除しようとしました。老人は「わしはこれでいい」と言って私をとめましたが、私が何も言わずにおりますと、とうとう最後には老人は譲って「じゃあ、やってくれ」と言いました。部屋のなかにはすばらしいランプが埃《ほこり》をかぶっていました。

「どうしてこれをつけないの？」とききますと、

「誰のためにつけるのかい？　誰もわしに会いにこないもの、ランプは必要ないよ。」

そこで、私はきいてみました。

「シスターたちが訪ねてきたらランプをつけます？」

「ああ、人の声がきこえたらランプをつけるともさ。」

そしてある日老人から私に言伝てがありました。

「あなたがつけてくれたランプは今でも燃えつづけているって、あの人に伝えてくれ。」

私たちが識り合いにならなければいけないのは、こういった人びとなのです。この人たちを識れば愛するようになり、この人たちのために働こうという気になります。お金をあげるだけで足れりと思わないようにしましょう。お金だけでは不十分です。お金は何とか手に入れることもできます。でもこの人たちは何かをしてくれるあなたたちの手、愛してくれるあなたたちの心を必要としているのです。

多くの場合、お金以外のものをあげるようにおねがいしたいのです。物なら私もなんとか調達することができます。でもその物を「あげる人」の存在、つまり物をあげるときにこの人たちに触れる人、彼らがよろこんでほほえみをかえせるその相手、この人たちのことを考えてあげる人、そういう人が居ることがいいのです。彼らにとってはこういうことが大きな意味をもつのです！

今日、みなから嫌がられる貧しい人びとのなかに(あのダマスクスでサウロによびかけられた主と)同じキリスト、同じイエス、まさに同じ主がいらっしゃるのです。この人たちは世の役に立たず、また彼らのために割く時間など誰ももっていないような人たちです。でも、もし私たちの愛がほんものなら、かれらを見つけ出さなければならないのはあなたであり私であるのです。

聖書のなかに書かれています、「私を愛する人を探した、そして見いだせなかった」。もしイエスが、十字架上で私たちのために死をうけられて、今日私たちにこう言われなければならないとしたら、何とおそろしいことでしょう！

(支倉寿子訳参照)

マザーテレサはいつの場合にも、世間に迎合することはなかった。

ノーベル平和賞授賞のとき、前に引用したように、どれほど世界の平和が脅かされているか、どれほどマザーの生き方、愛の業が平和をきずくために望まれているかが熱烈にのべられた。その賛辞にこたえてマザーが説いた言葉は、多くの人にとって耳の痛いものであった。

祈るマザーテレサ　沖守弘氏提供

私たちは平和について語っています。けれども、今日、平和を破壊しているもので妊娠中絶より大きなものはありません。なぜならそれは、直接に戦争することであり、直接に殺すこと——母親自身による殺人なのですから。……なぜなら、もし母親が自分の子を殺すことができるものなら——私があなたを殺し、あなたが私を殺すことにもつながっていくでしょう——その中間には何もないのですから。

マザーテレサは地球の人口問題に大きな関心をよせていた。しかし、すでに息づいている命を断つという手段によって得られる環境、最大の暴力によってつくりだされる環境が平和なものであるはずがない。マザーは平和を求める心と中絶を容認する態度との矛盾をするどく指摘した。マザーとその会のシスターたちが努力しているのは家族計画であり、育てるのがむずかしい子供の養子先を見つけることである。「インドの貧しい人びとも理解します。思うのですが、うちの民衆にもできることなら、あなたがたにはもっとおできになるでしょう。」

マザーは旧約聖書のイザヤ書から「たとえ、母親が自分の胎の子を忘れようとも、わたしがあなたを忘れることはない。見よ、わたしはあなたをわたしの手のひらに刻み付ける」という神の言葉を引用した。「ここにいる私たちすべての者は神の手のひらに刻まれています。生まれていない子供もそうなのです。」彼女はすでに生まれている者とこれから生まれようとする者とを神に等しく愛される者として同資格でとらえているのである。

マザーは歯に衣をきせずに真実と思うところを語る。名誉の場を、かなり口にしにくい事柄を公に話す機会とした。イーガン女史が言うように、マザーは、聖フランシスコの平和の祈りの一節「主よ、愛されるよりも愛することを望ませてください」の願いそのままに行動している。

賞金の行方

数々の栄誉には多額の賞金が副賞としてついていた。「無料で受けとったものを無料で与える」ことがマザーの方針である。賞金は右から左へと消えていった。賞金も多かったが、貧しい人、病人や難民はもっと多かったからである。

修道会の草創期に、必要があればマザーもシスターたちも空き缶を持って托鉢してまわった。マザーには、もろもろの賞金をお布施としてよろこんで受け取っているふしがある。

ノーベル賞受賞にさきだって、マザーの呼び名がたかかったころ、友人のひとりがそれを話題にした。マザーは次のように言った。「ノーベル賞のことで大笑いしましたよ。イエスが今だとお思いになったときに、賞はくるでしょう。私たちはもう、それが来たらと、ハンセン病の人たちのために二〇〇の家を建てる計算をすませています。だから祈らなくちゃ。」

賞金ではないが、教皇パウロ六世からの車リンカーンの運命にもおなじ調子の雰囲気がある。一九六四年のこと、教皇は聖体大会のためにボンベイを訪問した。その折、教皇はマザーテレサに目をとめて自分の純白のリンカーンを贈った。マザーと仲間は、この白象のようにやんごとない車をラッフルにして、四六万ルピーをかせいだ。おまけに、ラッフルにあたった青年はこの白象を売り払って、できたお金の大部分をマザーに送ってきた。

批判の声

名声がたかまるにつれて、批判の声もひろがっていった。その声はおよそ四種にわけられる。

最初のものははっきりとした非難ではない。質問の形をとった消極的批判である。つまり、カルカッタの貧困に対処するには、もっと大きな財源と人的資源をもった政府機関が必要ではないか、という。

次に、窮乏の大きさに比べてマザーたちの仕事が無意味なほど小さいという点を問題にする。それほど小さいのに、実際以上のことをやっているように見えるために、現状のまま放置することなど到底正当化できないにもかかわらず、それでいいような気持ちを人びとにもたせて当局を幻惑させているか、少なくとも当局に無為無策のいいわけを提供している、という。

さらに、マザーの医療資源も限られているし、時代遅れの方法を用いているため、本当には役立っていない、と指摘する。

最後に、地球環境にかんする人口問題で、マザーは時代の要請に逆行する、という。つまり、インドには人間が多すぎると言われているのに、マザーは、世話する人がいなければ栄養障害か余病併発で死ぬ運命の捨て子を救おうとする。また、堕胎反対の立場は近未来に予想される人口の爆発的増大に拍車をかける、というのである。

以上のような非難をマザーは静かに受け入れる。そして簡潔に答える。政府機関がもっと何かすればするほどよい。しかし、自分とシスターたちのできることは別のことだ、と。

「わたしたちにとって大切なのはひとりひとりです。」「イエスはたったひとりのために、ひとりの罪人のためにも死なれたでしょう。」「どのひとりもわたしにとってはキリストで、イエスはひとりだけですから、今このときのその人が、わたしにとっては世界でただひとりの人なのです。」彼女は自分の仕事を大海の水の一滴にたとえる。「でも、その水がなかったら、大海すら一滴たりなくなるでしょう。」

ただ人口問題にかんしては、マザーは小さいいのちを守るために、辛抱づよく語りかけてやまない。日本では次のように言った。

最大の貧困はなにかお話ししましょう。たとえばある国で、まだ生まれてこない子どもを恐れ、殺してしまうということが続いているかぎり、「もうひとり生まれたらいやだ、もうひとりの子どもに食べものをやるのはいやだ、もうひとりの子どもに教育を授けるのはいやだ、もうひとりの子どもに洋服を着せてやる余裕はない」といって、生まれてくるべき子供をみすみす殺してしまうなら、その国はやはり貧しい国だといえると思うのです。（カトリック広報室訳）

マザーの仕事の意味に対する無理解からくる見当違いの批判を甘受するとき、彼女はあきらかに、少しでもキリストに近い者になろうとしている。

キリストに近づく人

次のエピソードがそれを示す。

栄誉のひとつのかたちであるが、いろいろな都市でマザーは〈市の鍵〉を贈呈された。ある都市で名誉市民にあげられたとき、そのあとで、彼女は協労者のグループに語った。「昨日、私は名誉市民でした。それで『ありがとうございます』と言いました。どちらでもいいのです。同じ御手から来ますから。明日、もし人びとが『十字架にかけろ』といったら——結構です。同じ愛の御手です。あなたがたにも私にも、このような受け取り方、イエスが私たちに求められるのはこれです。彼が私たちに相談なしに好きなようにお扱いになるにまかせること。」

マザーは栄誉をあっさりと受け取るのと同じように屈辱をもあっさりと受け入れる。

実際に、痛み、苦しみ、挫折、拒絶、屈辱の実例にはことかかない。そして、マザーテレサもシスターたちもブラザーたちも、自分がいろいろな欠点をもつ不完全な人間であることをかくそうとはしない。かえって、それを知らせようとする。なぜなら、「驚くべきことは、神様がご自分の仕事のために、こんなに不完全な私たちを用い、会を通して途方もない量の善をつくり出されていること」だからである。

神の愛の宣教者会創設のころからの協力者であるル＝ジョリ神父の記録にしたがって、その二、三をあげてみよう

シスターたちはコロンボへ当地の首相の要請で行ったのだが、しばらく働いた後、不必要だといわれてインドへ帰って来た。

北アイルランドのベルファストでは、もっとも屈辱的な失敗をした。一九七二年にマザーは四人のシスターたちを連れて修道院をつくった。そこはプロテスタントの勢力圏であって、社会的、経済的に圧迫されるカトリック教徒のなかに、絶望的なテロ行為に走る者が出ていた。このときマザーに勧める人があったので、ウルスター市に行き慈善事業をしながらプロテスタントとカトリックの和解をはかろうとした。昔イスラム教徒が占領していた聖地へアシジの聖フランシスコがでかけて行ったときのような意気込みで、喜び勇んで出かけたのだった。フランシスコの弟子たちは聖地で光栄ある殉教の冠を得たのだが、神の愛の宣教者たちはウルスターで殉教もできず、サリーに身を包み荷物をまとめて、すごすごとインドへ引きかえしてこなければならなかった。

インドのランチでは、次のような事件があった。マザーが数人のシスターを連れて、新しい修道院を開くために到着したとき、「マザーテレサ、帰れ」という叫び声があった。道にはバリケードが築かれていて、マザーが一歩も進めないようになっていた。通してくれと頼んだが無駄だった。新しい施設のために買った土地をマザーに使わせることに住民は絶対反対だったのだ。マザーの説得も何の効果もなく、シスターたちはそのまま帰らなければならなかった。

この事件は誤解からおこった。しかし、土地の選択にも間違いがあった。貧しい人びとのために何かをするときには、土地の人びととの利益や感情をも尊重すべきである。マザーテレサがハンセン病患者の施設をつくるといううわさが流れ、シスターたちは「いや、年寄りや貧しい人の家になる」と説明した。だが、貯金をはたいて、そこに小ぎれいな住居を建てたばかりの人たちは、貧困者用の施設が地価を下げ、土地の評判を悪くすることを心配したのである。幸いなことに、この事件は場所を移すことでおだやかに解決した。

インドの他の町ではマザーはハンセン病患者のために家をつくろうとして、近隣の人びとから怒りに満ちた拒絶を受けた。結局、マザーは直接に病いにかかった家族の集団を訪ねられる巡回医療車をとりいれた。そして患者たちが、カルカッタと同じように、世話を受けるのを見届けた。

マザーは、彼女が愛する人びとが世間から拒絶されるという最も大きな痛み苦しみをも「イエスのキス」とよんでいる。

マザーは人間のあらゆる苦しみを知る人である。はげしい労働、疲労、不便な旅行を経験した。朝は四時半に起きて祈り、夜は遅くまで仕事をつづけ、明け方に就寝することも多い。病気をし、またさまざまの事故で幾度か怪我もした。

マザーが深く悲しむのは、自分が忍耐づよく養成して、イエスの許へと導いた修道女の幾人かが会を去ったことである。修道会が銀祝（創立二五年）を迎えた後、会のひとつの柱とも思っていたロンドンのシスターが健康上の理由で退会を申し出たとき、マザーは大きな打撃を受けた。すぐにロンドンに飛んで説得に当たったが、そのシスターの決意はかたかった。マザーは、そのシスターがそれまで神に対し人に対して行った善行に感謝し、将来を神のみ手にまかせるほか、何もできなかった。

主に愛されてそのお召しを受け、終生の愛を誓った者が後になって立ち去って行く。主が捨てられた人のように扱われ、その愛が軽んじられるとき、マザーは苦しむ。そして自分が軽んじられ、苦しめられるとき、彼女はキリストに似ることができるので、本当に感謝する。

マザーテレサは栄誉も棘も同じみ手から受けとる。だが、あきらかに、キリストに似ることの方を深くよろこぶ人である。

おわりに

マザーテレサを知れば知るほど、彼女は、ほかに比べようのない特別な人だという印象がつよくなる。

またとないほど、足が地にしっかりとついた人でありながら、この世にとらわれるところが何もなくて、キリストに仕えることをすべてとして生きている人。

カトリック教会の伝統的な修道生活を送りながら、世界のさまざまな宗教を信じる人たちにも、ずっと心を通わせる人。

二〇〇〇年前に発せられたメッセージを、もう古びた言葉で語りながら、いきいきと不思議な力といのちを伝える人。

聖書と祈りの本のほかは手にとるひまもなさそうに忙しい毎日を送りながら、澄明で素直にものごとの核心に入っていける本当の意味で知的な人。

世界の最も惨めな場所に立ちながら、なんとも明るいものを輝かせる人。

雑踏と喧噪のなかを歩きながら、静かな神の声をきく人。

自分は下へ下へと降りていきながら、人びとの心を高く引き上げる人。

言葉にすれば複雑なこれらすべてをマザーテレサはもっと単純に、ひとつのいのちとして力強く生きている。言葉にすればぶつかりあいそうな項目が、ほんとうに生きるときにはすっきりとひとつになるということを身をもって実証する。マザーテレサは、泉のように人格のなかからわき上がってくる、言葉にならないもので生きている。

神の愛の宣教者会修道院　スコピエ

インドに住みインドに帰化し、世界中の人びとを同国人としてこのように生きるマザーテレサの生のはじまりは、バルカンの地にあった。すべてはそこから始まった。旧ユーゴスラヴィアの時代すでに、地元出身のノーベル賞作家I＝アンドリッチは、「バルカンにおいてはすべての存在は悲劇的である」と書いた。彼は、一九九〇年代の悲劇を遠く準備する当地の状態を「サラエヴォの夜の声」に象徴したことがある。「君がサラエヴォの街で一晩、眠らずに起きているなら、君はサラエヴォの夜の声を聞き分けることができるだろう。」まずカトリック教会の大時計が重々しく夜中の二時を告げる。長い一分間が過ぎると、甲高いギリシア正教会の時計が二つ鳴る。やがて、遠くでイスラム寺院の時計が一一を打つ。トルコ式の時間だ。ユダヤ教徒は時刻を知らせる鐘をもたない。いま何時か、それは神だけが知っている。「こうして万人が眠りについている夜の底でさえ、世界はばらばらに分かたれている。」

夜の底から、別々な時間とばらばらな秩序がうかびあがってくる。そのような幾世紀にもわたる怨恨と憎悪と分裂を秘めた土地に生を受けて、いやむしろ、そのような土地に生を受けたからこそ、マザーテレサは、相争う人間の悲惨の底を大河のように流れる生に、歴史の有為転変をこえて持続するいのちの流れに見入る深い観照を知った。そこに神を観、神を聴いて彼女は自分自身と全生涯を捧げ、ひとりからひとりへと、いのちの連帯の輪をひろげていったと思われるのである。

この、いのちの連帯にマザーテレサの普遍性がある。

あとがき

清水書院から『マザーテレサ』の執筆のお勧めを受けたとき、「人と思想シリーズ」の一冊にという説明でふと戸惑った。

いったいマザーテレサを「思想家」に入れてしまっていいのかしら。この人はおよそ本など書きそうにない。それだけの暇があれば、死にかけている赤ん坊の身体をさすっていることだろう。マザーは自分がほんとうに、しないではいられないことをしながら風通しよく生きている。とても思想家という枠のうちに納まっていそうもない。

マザーテレサは血統からいっても家庭環境からも生粋のアルバニア人だが、マケドニアのスコピエで生まれ、帰化して現在の国籍はインドにある。いろいろの人の痛みを自分のもののように受けとり、その人に真心からつくしながら、さばさばとした足取りで働いている。ひとりの人間をこれほどに動かしている力は何だろう。そこが識りたくて私はマザーの足跡をたどってみることにした。

たまたま一九九一年にはヨーロッパに滞在する仕事があって春からパリにいた。そこからさらに旅に出て、六月はじめにマザーテレサの生まれ故郷であるスコピエを訪ねた。旧ユーゴではすでに、連邦の解体が局地的な銃撃戦のかたちで始まっていたのだが、旅人の眼の前にはただ、バラの花がさきみだれる素朴で平和な風景がくりひろげられていた。通貨の混乱が、わずかにこの国のその後の運命を示唆していたのではあるが。

スコピエにはマザーの〝従姉妹〟にあたる老婦人が病身の娘さんと住んでおられる。いくたびも訪ねてくるさまざまな取材者たちにわたしてしまって、もうこれしか残っていないという一枚の写真を見せてくださった。前列のまんなかにすわる黒衣の若い司祭と三段にならんだ少年少女たちの写真である。セピア色の写真は、ひとりひとりの個性のある表情とともに、グループ全体にただよう真面目で端正な雰囲気を映している。マザーの少女時代の記念写真である。これがマザー、そして姉のアゲ、これがわたしと太い指で示す老女の思い出に沿って私たちは、しばらく一九二〇年代のユーゴスラヴィアの世界にはいった。

現実には、マザーの生家もその周辺もあの大地震で崩壊して、いま昔の面影をとどめるものはなにもない。一九六三年七月二六日にスコピエをおそった都市直下型の地震は一万人をこえる死者を出し、古都の姿をかえたのだった。マザーテレサのほうも、インドに本拠をおく修道会の修道院をここにも建てるために一九八〇年にスコピエを訪問したときには、もう少女時代の言葉、アルバニア語をすっかり忘れていたという。

それでも、この老女の住む部屋の色彩、たたずまい、香たかいトルコ風コーヒー、人懐かしげなもてなしぶりからスコピエの住人の生活というものが伝わってくる。だが、スコピエ滞在中に、この身内の方たちにまさって、マザーテレサを思い起こさせたのは、この家族に私を紹介し、通訳してくださったマザーの会の若いユーゴ人シスターであった。

その修道院の構成メンバーはユーゴ人シスターのひとりと三人のインド人シスターの若い人たちだった。はじめて出会ったのに、まるで昔からの知合いのような気分を伝えるグループである。家中をくまなく案内しながら、ユーゴ人のシスターは、この社会主義国で修道会にゆるされている仕事を説明してくださった。シスターたちはきまった曜日に食物や衣料を分けるほか、ジプシー部落の人びとのために働いている。郊外のジプシーのスラムを訪問してさまざまな相談にのり病人の介抱をし、また部落の共稼ぎ家族の赤ん坊や老人を一時シスターたちの家にあずかって世話をしている、という。「たいしたことはしていないのですよ」とはにかんだ表情でいう。だが、このシスターたちが、長い差別と迫害の歴史を背負っているジプシーの人びとにどのように尽くし、どれほど慕われているかを、私は翌日スラムに同行して目撃した。

心にしみる光景がある。ユーゴのシスターにつれられて、スコピエ－カトリック教会の小さな集まりに出席した帰り道のことだった。市の中心部の大通りを歩いていると、年老いた乞食がひとりシスターのサリーを認めて近よってきた。シスターは彼に手をかけながら何事かささやいている。本当に、やさしく、優雅にうやうやしく。それは、さきほどの教会の集会で彼女が司教に挨拶をしたときの様子を思い出させた。真心と敬意のこもったものだった。だが、それにもまして、というと誤解をうみそうであるが、老乞食に対して彼女は本当に愛ふかい、うやうやしさというほかはない態度で接していた。

シスターたちの家は質素で清潔であかるい。彼女たちのファンらしい近所の人が庭木の刈り込みにきていた。建物の地下は倉庫と炊事場にあてられている。倉庫には各地から送られてきた衣類と穀物の袋がきちんと分類してつまれていた。炊事場はかまどで木片をもやして煮炊きする。上の食堂でその料理をごちそうになった。チキンとじゃがいもの煮物だった。祈りの部屋にはバラが豊かに匂っていた。二階のシスターたちの寝室に入ったときには息をのんだ。ひとつの部屋にうすい毛布をかけた鉄製のベッドが六つならんでいる。壁に木の十字架、それだけである。戸棚はおろか床頭台も椅子さえもない。身を横たえるだけの最小限の家具、それで十分という生活である。写真に撮っておきたいと思った。玄関も食堂も祈りの部屋でもよかった写真撮影だが、この部屋を撮ることはゆるされなかった。屋上には、洗濯された白いサリーとヴェールが風に揺れていた。

別れを告げて、バルカン半島を南下する国際列車のなかで、スコピエの経験を反芻《はんすう》した。六人用の車室をひとりで占める、アテネまで一四時間あまりの旅である。ゆっくりとすぎ去るユーゴの山野を窓の外に見ながら、パリを発ってから出会ったこの国の人びとを思った。

オルリー空港からベオグラードへの国際線の出稼ぎ帰りの相客たち、深夜におりたったスコピエ空港で出会った人たち、スラムの、片言のドイツ語で話しかけて来たジプシーの子供たち、一四世紀以来ヨーロッパ中をさまよってこの郊外に吹き寄せられたかのように仮住まいしている人たち、市内で触れ合った人たち、おそらく二度と、この世で会うことのない人びとを思った。

スコピエでシスターたちと過ごした時間を思いめぐらしていると、春のころパリのリオン駅に近い、やはりマザーの家で経験した一刻の思い出がかさなってきた。パリではシスターたちが、二階の広間で路上生活者に朝食をふるまっている。ひとつの部屋に数列の食卓をかこんで五〇人ほどの人がぎっしりと座る。卓上のパン籠には、新幹線の食堂のパンが盛られている。シスターがリオン駅から前日のまっさらのままの残り物をもらってくるのだ。さまざまの服装、さまざまの顔色、年齢。壁際の小卓上の大鍋からたっぷりの肉やポテト入りのスープをよそって、その深皿が配られていく。手から手にわたされるのである。お代わりのほしい人の皿はまた手から手をわたって、「半分ほど」などという伝言付で給仕人にもどってくる。パンの籠も水のジャッグも同じ仕方で食卓上を往復する。給仕人が歩き回るだけのすきまがないのだ。実だくさんのスープがすむとスパゲッティと細切りニンジンのサラダが配られる。すませた人はひとりひとり静かに出て行く。ある人は小声でメルシーをいい、ある人は眼だけで挨拶し、ある人は眼を伏せたまま部屋を出て行く。ひとグループが終わるとテーブルを拭き、パン籠、水差し、コップなどを次の人たちのために新しく用意する。午前中に数回、どこからともなく集まってきて、このように部屋をいっぱいにする人たちの群れを迎えまた送り出した。そのあとに、軽い疲れとともに味わった安らぎと喜びをどう表現すればよいのだろう。それは自分のなかで何かが回復された経験であった。施す側と施しを受ける側などの区別はなかった。給仕した自分も含めて、みなが〈神の食卓〉で養われたという不思議な感覚である。いっしょに給仕した小柄なフランス女性は、もうかなり前から週に二日の休日のうち、一日はここに〈休みに〉くると言ってほほえんだ。台所から食堂まで重い大鍋を運ぶのはオランダ人のブラザーたちであった。食堂に使われている部屋は二つある。これらの部屋を通過した人たちの国籍は誰も知らない。どこからか来てどこかへ去って行く。マザーテレサの会のインド人のシスターたちは、台所と食堂と皿洗い場とを、もくもくと、きびきびと動きまわっていた。

スコピエでもパリでも、このシスターたちはこの世の悲惨な場所に、いわば〈神の食卓〉を用意する。まるで冬の夜にやわらかく灯る明かりのように食卓をしつらえる。アテネ行の列車のなかで、わたしはこの思いを繰り返し味わった。これはどういうことだろう。

この問いを胸にいだいたまま、私はダブリンにわたってマザーが最初に入会したロレット修道会を訪問し、さらに一九九二年一月にはカルカッタを訪ねた。マザーはこのとき、アメリカの病院にあって重体を伝えられていた。シスターたちは、しかし、明るい表情で働いていた。

マザーテレサ。この女性が現し出している〈神の業〉を、どのように言えばよいのだろう。彼女の伝記をたどり、その言葉を集めても、なお表現しきれないものがある。福祉事業ではない。慈善運動ではない。この世の苦しみが、その苦しみ自体はそのままながら、別の相に変わっていく。失業や貧困や死に解決をつけようというのではない。シスターたちに出会っても乞食は乞食のままで、浮浪者は浮浪者のままで別れていく。ただ、〈もの〉と〈こと〉との、決して理解しつくされることのない奥底で何かが変わる。マザーやシスターたちの宗教に人びとが同化されるのでも吸収されるのでもない。国籍も信念も、それぞれその人のものを保ったままで、なお何かが変わる。人間が古来、線引きしてきた国境や宗派や道徳的善悪などの区別の及ばない深みで〈神の業〉が輝きでる、破滅を新しい創造へと転ずる〈神の業〉が現れる、そのような場をマザーテレサは、その身において用意しているように思われるのである。

言葉にはつくせない〈思想〉にひかれて、わたしはマザーテレサの本を書きたいと思った。

〈マザーテレサへの旅〉には終点がない。

彼女の歩んだ道をつたない言葉でたどったこの本が、多くのことをまだ書き残しながら、マザーの生の源泉を、遠くからでも映し出すことができれば幸いである。

ほんとうにたくさんの方々のお世話になった。心からの感謝を捧げる。マザーテレサへ、マザーの会のシスターがたへ。スコピエを訪問できるようにしてくださった「聖ヴィンセンシオ・ア・パウロの愛徳姉妹会」のシスター福田、ダブリンの「ロレット修道女会」の文書庫まで案内してくださったシスターブレーク、カルカッタで泊めてくださった「女子パウロ会」のシスターがたへ。原稿に目をとおして貴重な助言をたまわった池長潤師、静一志師、シスター坂部に。

多くの方々のご著述から教えを受けた。文中では敬称を略させていただいた。

長年にわたって撮りつづけてこられた貴重な写真を沖守弘氏は快く使わせてくださった。このご理解と協力なしにはこの本はできなかった。

最後に、そもそも本書を執筆する機会を与えてくださった清水書院の清水幸雄氏、ご助力いただいた編集部の徳永隆氏に厚くお礼を申し上げる。

マザーテレサ年譜

西暦	年齢	年譜	参考事項
一九一〇		8・26、旧ユーゴスラヴィア、マケドニアのスコピエでボヤジュー家の第三子として誕生。父ニコラ、母ドラナフィル、姉アガタ、兄ラザロの家庭である。翌日、洗礼を受けてアグネス=ゴンジャと名付けられる。 その後、教会学校および官立学校で教育を受け、教会の若者たちのグループ活動の音楽会・読書会・黙想会に積極的に加わる青春時代を送る。ユーゴスラヴィアからインドに派遣されたイエズス会宣教師の書き送ってきた宣教活動に大きな関心をよびさまされる。	日本、韓国併合。
一九一九	9	父ニコラ=ボヤジュー急逝。	パリ講和会議。
一九二八	18	8・15、前年から修道生活へのよびかけを強く感じ、聖母廟に巡礼して長い黙想を行い、この聖母の祝日に修道召命に応える決意を確かめる。インドのベンガル宣教への献身の思いとひとつになった人生の選定である。 10・12、インドへ宣教者を送っているロレット修道会に志願者として入会する。この修道会本部修道院はアイルランド、ダブリンのラスファルンハムにある。	パリ不戦条約。

一九三一	21	12・1、修練を始めるためにインドに派遣される。5・25、ロレット修道会修道女として初誓願をたてる。修道名はシスターテレサ。	満州事変おこる。
三七	27	ロレット修道会において終生誓願をたてる。カルカッタのエンタリーにあるセント-メリー高等学校で教え、何年かは校長を勤める。また、ロレット修道会付属のインド人修道会担当係となる。	日中戦争始まる。
四六	36	8・16、カルカッタで「大虐殺」おこる。シスターテレサはヒンドゥー教徒とイスラム教徒との間の血みどろの闘争と、カルカッタの路上に横たわる瀕死の人たちや無残な死体を見る。9・10、ダージリンで年に一度の黙想を行うため、汽車に乗り、その車中で「神の愛の宣教者会」創立の霊感を受ける。	インドシナ戦争おこる（～五四）。
四七	37	8・15、インド独立。東パキスタン（現バングラデシュ）分離。難民の大群がカルカッタにおしよせる。	インド連邦とパキスタン独立。
四八	38	4・12、修道女の身分を保ちつつ、ロレット修道会を離れてカルカッタ大司教の管轄下に移る許可を教皇ピオ12世より与えられる。8・16、新しい修道会の修道服として選んだ水色の縁取りのある白いサリーを身にまとい、肩に小さな十字架をつけて、ロレット修道会を去る。パトナに行き、医療宣教修道女会で看護のための集中訓練を受け、極貧の人たちのために働く新しい修道会の基礎を構想して準備をととのえる。12月、カルカッタに戻り、「貧者の小さい姉妹会」に身を寄せる。	マハトマ＝ガンディー、暗殺される。西ヨーロッパ連合条約。パレスチナ（第一次中東）戦争おこる（～四九）。

一九四九	39	12・21、スラム街最初の学校を開く許可を与えられる。 帰化して、インド国籍を得る。 2月、ゴメス家の二階を無料で提供されてそこに移り住む。 3・19、最初の入会志願者として、シスターテレサの生徒であった若いベンガル人女性が訪れる。この後、志願者が相ついで現れる。新しい修道会のために会憲を起草する。	北大西洋条約機構結成。
五〇	40	10・7、「貧しい人びとの中でも最も貧しい人たち」に仕えるために設立した修道会「神の愛の宣教者会」がローマ教皇庁に承認される。会の総長としてシスターテレサはマザーテレサとよばれるようになる。	朝鮮戦争おこる。
五二	42	カリー神殿の巡礼宿泊所であった建物を借りて、「死を待つ人の家」〈ニルマル-フリーダイ〉（聖母の汚れなきみ心）をカルカッタに開く。	エジプト革命。
五三	43	1月、ジャックリーヌ＝ド＝デッカーの賛同によって、修道会と意向をともにする「病者・苦しむ人たちの輪」が組織されはじめる。 2月、会員が28人とふえゴメス家の二階では手狭となり、マザーとシスターたちはロワー-サーキュラー通りに見つけた建物に移り、そこをマザーハウス（本部）と定める。	
五四	44	7・26「マザーテレサ協労者国際協会」を設立する。	ジュネーヴ会議。
五五	45	見捨てられた子供たちのために「子供たちの家」（シシュ-バヴァン）がマザーハウスの近くに開かれる。この後、世界中で「神の愛の宣教者会」の修道院のある近くに「子供たちの家」が設けられるので、	アジア・アフリカ（バンドン）会議 ワルシャワ条約調

		シシュ-バヴァンは一般名となる。	印。
一九五七	47	9・27、ハンセン病の巡回診療所を設立。この仕事はやがてティタガールのハンセン病患者のコミューンやシャンティ-ナガール（平和の村）へと発展していく。	
六〇	50	10・25、初めての国外旅行に出発。行き先はニューヨークとローマ。ニューヨークでカトリック救授センターとの絆が結ばれ、以後、食料・医薬品・基金が送られてくることとなる。国連のWHO責任者との最初の接触。	アフリカで17か国独立（アフリカの年）。
六二	52	9月、インド大統領よりバドマ-シレー賞受賞。最初の受賞。フィリピン大統領よりマグサイサイ賞受賞。最初に与えられた国際的な評価である。	キューバ危機。中印国境で武力衝突おこる。
六三	53	3・25、新しい支部「神の愛の兄弟宣教者会」がキダーポルに生まれる。	部分的核実験停止条約。
六五	55	2・1、「神の愛の宣教修道女会」が教皇認可の修道会となる。パウロ6世はこの認可により、マザーの仕事に対する賛同を表した。7月、ベネズエラのココロットに修道院を開設。インド国外の最初のセンターである。	米軍の北ヴェトナム爆撃の開始。日韓基本条約。
六八	58	9・5、タンザニアのタボーラについで、ローマに支部をおく。オーストラリアのバークに先住民のためのセンターを開設。	核拡散防止条約。
六九	59	3・26、パウロ6世、「神の愛の宣教者会」に加盟しているマザーテレサ協労者会を祝別する。	中ソ国境で武力衝突。

一九七〇	60	4月、メルボルンにオーストラリアで二番目のセンターを開設。主にアル中患者のために。 7月、ヨルダンのアンマンにセンター開設。 7・30、ロンドンのセント‐スティヴンズ‐ガーデンに初めてセンターを開設。その礼拝堂はウェストミンスター寺院の補佐司教により神に捧げられる。 12・8、ヒーナン枢機卿の手により、ヨーロッパおよびアメリカの修道志願者・修練者のための第二の修道院がロンドンに開設される。	
七一	61	1・6、ローマでパウロ6世よりヨハネ23世平和賞を受賞、神の愛のオスカーを受けた最初の女性となる。 ボストンで善きサマリア人賞、ワシントンでジョゼフ＝P＝ケネディ＝ジュニア国際賞を受賞。また、ワシントンでカトリック大学の人文博士号が授与される。 バングラデシュのダッカとクーナにそれぞれセンターを開設。分裂抗争のために苦しんでいるベンガル人のために。	ドル危機で国際通貨体制動揺。 中国の国連代表権承認。 バングラデシュ独立。 第2次印パ戦争。
七二	62	2月、ベルファストにセンターを開設するため、マザーと4人のインド人シスターが北アイルランドに到着。しかしのちに撤退。 11月、協労者会の支部、ベルファストに開設。 同月、ニューデリーでネルー賞受賞。	米ソ、SALT協定調印。 日中国交正常化。
七三	63	2・26、シドニー‐メイヤー‐ミュージック‐ホールで開かれた人口・生態学会議において、短い講演を行う。	ヴェトナム和平協定調印。

		3・11、40万のパレスチナ難民救援のためにガザにセンターをおく。 4・25、ロンドンにおいてテンプルトン賞受賞。 9月、ロンドンの修練院、ローマに移る。 5人のインド人シスター、ローマのアッピア街道近くに居を定める。 一五世紀以来、修道女のいなかったイエメンに支部をおく。パウロ6世がカステルガンドルフォに集まった信者たちに明らかにする。 夏、ペルーのリマに支部開設。 10・20、ミラノ市から金メダルを授与されるにあたって講演を行う。	第四次中東戦争、石油危機。
一九七四	64	3月、「アジアの歌」合唱団に対して「神は愛です」というメッセージを送る。 6～9月、4か月にわたり、アメリカ・ヨーロッパの協労者を訪問。 9・28、リヨンに到着、訪問旅行を終える。 「神の愛の宣教者会」の各修道院と一つの観想修道会修道院との間に絆を結ぶ。世界中に献身の連帯をつくりだす計画を実行し始める。	世界人口会議。
七五	65	カルカッタに「プレム・ダン」(愛の贈り物)という長期療養者のためのセンターを開設。構内に病院・リハビリセンター・作業所を設ける。 国連の食糧農業機関はセレス・メダルにマザーの肖像を彫り、最も貧しい人びとに食物をわける彼女をたたえる。 6月、メキシコ・シティで行われた国際婦人年世界会議に出席。 10・7、「神の愛の宣教修道女会」設立二五周年を迎える。90以上の修道院を数え、そのうち30はインド国外（一九七五年一一月現在、こ	ヴェトナム戦争終結。 ランブイエで先進国首脳会議（第一回サミット）。

		の修道会には一一三二名の修道女が所属)。 10月、ノースカロライナ大学でアルバート=シュヴァイツァー賞受賞。 10・24、国連本部で行われた宗教サミット会議で講演。ユダヤ教徒・キリスト教徒・イスラム教徒・ヒンドゥー教徒・仏教徒の参会者に「愛の神によってつくられた、同じ家族の兄弟姉妹」として仕えることをうったえる。 年末の「タイム」誌の表紙にマザーテレサの肖像をかかげられる。表題は「生きた聖徒たち」、副題は「愛と希望の使者たち」。	
一九七六	66	1月、インドのシャンティニキスタン-ヴィシュラ-バラット大学より名誉博士号を贈られる。 アイオワで「地に平和」賞およびカトリック異人種間協議会賞受賞。ガンディー-バヴァン(ガンディーの思想と平和研究所)の礎石を据えるためにアラハバドに招待される。マザーはこれを大きな喜びとした。 8・15~17、ドイツのリプシュタットで、マザーテレサ協労者国際協会の第二回大会が開かれる。	非同盟諸国首脳会議。 ロッキード事件発覚。
七七	67	6・10、イギリスのケンブリッジ大学名誉総長エディンバラ公より、名誉神学博士号を贈られる。	東南アジア条約機構解体。
七八	68	4月、東京に修道士のセンター開設。山谷のドヤ街で働く。 6・23、デリーでオーストラリアの高等弁務官よりイギリス帝国勲章を贈られる。	キャンプ-デーヴィッド会談。 日中平和友好条約

一九七九	69	3月、ローマでイタリア大統領よりバルザン国際賞受賞。 12・10、オスロでノーベル平和賞を受賞	米中の国交樹立。 イラン革命。
八〇	70	3・22、デリーでインド大統領よりバラット-ラトナ（インドの宝石）勲章を贈られる。インドの文民に与えられる最高の勲章。 マケドニアのスコピエに修道院を開設。	イラン・イラク戦争おこる。
八一	71	ワシントンDC、ニューヨークのハーレムに修道院を開設。 東ベルリンに修道院を開設。 4・22〜28、訪日し、「生命の尊厳を与える国際会議」で講演。 5・24、東京に修道院を開設。	
八二	72	4・22〜28、再び訪日。東京・宝塚・長崎・福岡・大阪を訪れる。 5・15〜16、ローマのサン-グレゴリオで、マザーテレサ協労者国際協会の第三回大会が開かれる。 夏、イスラエルとPLOの砲撃戦によって西ベイルートが炎上したとき、砲煙をくぐって「子供の家」の障害児たちを安全地帯に救出。	フォークランド紛争おこる。
八三	73	11月、デリーでエリザベス女王よりメリット勲位を授与される。	
八四	74	ポーランドのワルシャワ、東ドイツのカールマルクスシュタットに修道院を開設。 中国を訪問。	インディラ＝ガンディー首相暗殺される。
八六	76	10・1、名古屋に修道院を開設。	フィリピン革命。
九〇	80	神の愛の宣教者会の総会において、マザーテレサの総長辞任の強い意志表明にもかかわらず、総長に選出され、創立以来総長職にあるこ	東西ドイツ統一。

		となる。 カルカッタにジェールガールの家「シャンティ-ダン」（平和の贈り物）開設。	イラク、クウェートに侵攻。
一九九三	83	8・15、別府に修道院開設。 8・20、ラジブ=ガンディー記念、サドバヴァナ（友愛）賞を最初の受賞者として受ける。 10・19、中国に一か月の旅行。 この年9月現在、神の愛の宣教者会の修道院は一〇五か国において、五〇四を数え、四〇〇〇人をこえる修道女が属している。年表には、ニューヨークのハーレムやベルリンの壁崩壊以前の東ベルリンのセンターなど、設立の方向性を知るうえで意味深く思われるものの開設をあげるにとどめた。	チェコとスロヴァキア、分離独立。
九七	87	3・12、神の愛の宣教者会の総会で、マザーテレサの総長辞任が承認され、後継者としてニルマラ修道女に決まる。 9・5、マザーテレサ死去。 9・13、カルカッタのネタージ室内競技場で国葬が行われる。	

参考文献

『聖書』 新共同訳 —— 日本聖書協会 一九八七

『旧約新約聖書語句辞典』 —— 教文館 一九八〇

『旧約新約聖書大事典』 旧約新約聖書大事典編集委員会編訳 —— 教文館 一九八九

『世界宗教大事典』 山折哲雄監修 —— 平凡社 一九九一

シュラッター 『新約聖書読解4』 蓮見和男訳 —— 新教出版社 一九七八

和田幹男 『私たちにとって聖書とは何なのか 現代カトリック聖書霊感論序説』 —— 女子パウロ会 一九八六

雨宮 慧 『旧約のこころ』 —— 女子パウロ会 一九九一

伊吹 雄 「イエズス・キリストの復活の中心的理解」（"Oriens Studies" No.7） —— オリエンス宗教研究所 一九七五

宮本久雄 『聖書と愛智——ケノーシス（無化）をめぐって』 —— 新生社 一九九一

百瀬文晃 『イエス・キリストを学ぶ』 —— 中央出版社 一九八六

カール＝ラーナー 『キリスト教とは何か 現代カトリック神学基礎論』 百瀬文晃訳 —— エンデルレ書店 一九八一

静 一志 『畑に隠された宝』 —— 女子パウロ会 一九八八

八木誠一 『イエス』（人と思想7） —— 清水書院 一九六八

奥村一郎 『祈り』 —— 女子パウロ会 一九七五

井上洋治 『日本とイエスの顔』 —— 北洋社 一九七六

G・ネラン編 『信ずること』 —— 新教出版社 一九七四

佐久間彪『神 ひと 宇宙』(佐久間彪説教選集)――――至光社 一九九三
A・ニコラス『希望の地平 現代における修道生活の意義』――――弘田鎮枝訳 女子パウロ会 一九七六
チェスタトン『久遠の聖者』(著作集6) 生地竹郎訳――――春秋社 一九七六
黒田正利『聖フランチェスコ』――――中外出版 一九二四
下村寅太郎『アッシジの聖フランシスコ』――――南窓社 一九六五
小川国夫『古都アッシジと聖フランシスコ』――――講談社 一九八五
武田友寿『聖者の詩――わがアッシジのフランシスコ』――――聖文社 一九八三
堀田雄康「『平和の祈り』――その由来と翻訳」――――聖アントニオ神学院
マザー・テレサ『心の静けさの中で――カルカッタのマザー・テレサ及び共労社の黙想集』
キャサリン゠スピンク編集 森谷峰雄訳――――シオン出版社 一九九〇
ジョルジュ゠ゴルレ、ジャン゠バルビエ編著『マザー・テレサ 愛を語る』支倉寿子訳――――日本教文社 一九九〇
千葉茂樹編著『マザー・テレサとその世界』――――女子パウロ会 一九八〇
デスモンド゠ドイグ『マザー・テレサ 神の愛の奇跡』岡村和子訳――――燦葉社 一九八一
マルコム゠マゲッリッジ『マザー・テレサ すばらしいことを神さまのために』沢田和夫訳――――女子パウロ会 一九七六
『マザー・テレサ 訪日講演集』女子パウロ会編――――女子パウロ会 一九八二
『マザー・テレサのことば 神様へのおくりもの』半田基子訳――――女子パウロ会 一九九〇
小林正典『マザー・テレサと神の子 いのち、この尊きもの』(「NHKマザー・テレサ特集」、「マザー・

テレサと共労者の集い」）——PHP研究所　一九八三
『生命あるすべてのものに』（マザー・テレサ訪日講演録、講談社現代新書）——講談社　一九八一
沖　守弘『マザー・テレサ　あふれる愛』——講談社　一九八一
沖　守弘撮影・白柳誠一頌『マザー・テレサと姉妹たち』——女子パウロ会　一九七九
S＝クリソルド編『ユーゴスラヴィア史』（ケンブリッジ版）田中一生他訳——恒文社　一九八〇
アンドリッチ「ドリナの橋」（『現代東欧文学全集12』）松谷健二訳——恒文社　一九六七
アンドリッチ『ボスニア物語』岡崎慶興訳——恒文社　一九七三
石川晃弘「ポルカの文化とコロの文化——東ヨーロッパ・人と文化」（「書斎の窓」）——有斐閣　一九九一
「余録」（「毎日新聞」一九九四年二月九日付）
S・サフライ、M・シュテルン編『キリスト教成立時代のユダヤ的生活の諸相』（『総説・ユダヤ人の歴史』上）長窪専三他訳——新地社　一九八九
重兼芳子『闇をてらす足おと——岩下壮一と神山復生病院物語』——春秋社　一九八六
E・フロム『愛するということ』鈴木晶訳——紀伊國屋書店　一九九一
ロジャー＝ソーヤー『奴隷化される子供』西立野園子訳——三一書房　一九九一
『インド』（地球の歩き方3）地球の歩き方編集室編——ダイヤモンド社　一九九三
Constitutions of The Missionaries of Charity. 1965.
MERE TERESA, *Que ton Règne vienne*... LE LIVRE OUVERT. 1990.
Daily Meditations by Mother Teresa, *Love: A Fruit Always in Season*. Ignatius. 1987.

M.EMMANUEL ORCHARD, *Till God Will* Mary Ward through her writings. Foreword by Mother Teresa of Calcutta. Introduction by James Walsh. Darton, Longman and Todd. 1985.
ELOI LECLERC; *Sagesse d'un Pauvre*.
EILEEN EGAN; *Such a Vision of The Street; Mother Teresa - The Spirit and the Work*, Doubleday, New York. 1985.

なお、カバー写真、口絵写真及び本文のp.72,77,83,87,96,98,104,107,115,188の写真は、沖守弘氏に提供して頂いたものである。

さくいん

【人　名】

【事　項】

マザーテレサ■人と思想44　　定価はカバーに表示

1994年9月30日　第1刷発行©
2015年9月10日　新装版第1刷発行©

・著　者　……………………………………和田《わだ》　町子《まちこ》
・発行者　……………………………………渡部　哲治
・印刷所　…………………………図書印刷株式会社
・発行所　………………………株式会社　清水書院

〒102-0072　東京都千代田区飯田橋3-11-6
Tel・03(5213)7151～7
振替口座・00130-3-5283
http://www.shimizushoin.co.jp

検印省略
落丁本・乱丁本は
おとりかえします。

CenturyBooks　　Printed in Japan
ISBN978-4-389-42044-4

Century Books

清水書院の〝センチュリーブックス〟発刊のことば

近年の科学技術の発達は、まことに目覚ましいものがあります。月世界への旅行も、近い将来のこととして、夢ではなくなりました。しかし、一方、人間性は疎外され、文化も、商品化されようとしていることも、否定できません。

いま、人間性の回復をはかり、先人の遺した偉大な文化を継承して、高貴な精神の城を守り、明日への創造に資することは、今世紀に生きる私たちの、重大な責務であると信じます。

私たちがここに、「センチュリーブックス」を刊行いたしますのは、人間形成期にある学生・生徒の諸君、職場にある若い世代に精神の糧を提供し、この責任の一端を果たしたいためであります。

ここに読者諸氏の豊かな人間性を讃えつつご愛読を願います。

一九六七年

清水

SHIMIZU SHOIN

【人と思想】既刊本

老子	高橋　進
孔子	内野熊一郎他
ソクラテス	中野幸次
釈迦	副島正光
プラトン	中野幸次
アリストテレス	堀田　彰
イエス	八木誠一
親鸞	古田武彦
ルター	小牧　治 泉谷周三郎
カルヴァン	渡辺信夫
デカルト	伊藤勝彦
パスカル	小松摂郎
ロック	浜林正夫他
ルソー	中里良二
カント	小牧　治
ベンサム	山田英世
ヘーゲル	澤田　章
J・S・ミル	菊川忠夫
キルケゴール	工藤綏夫
マルクス	小牧　治
福沢諭吉	鹿野政直
ニーチェ	工藤綏夫
J・デューイ	山田英世
フロイト	鈴村金彌
内村鑑三	関根正雄
ロマン=ロラン	村上嘉隆 村上益子
孫文	横山　英 中山義弘
ガンジー	坂本徳松
レーニン	中野徹三 高岡健次郎
ラッセル	金子光男
シュバイツァー	泉谷周三郎
ネルー	中村平治
毛沢東	宇野重昭
サルトル	村上嘉隆
ハイデッガー	新井恵雄
ヤスパース	宇都宮芳明
孟子	加賀栄治
荘子	鈴木修次
アウグスティヌス	宮谷宣史
トーマス・マン	村田經和
シラー	内藤克彦
道元	山折哲雄
ベーコン	石井栄一
マザーテレサ	和田町子
中江藤樹	渡部　武
ブルトマン	笠井恵二
本居宣長	本山幸彦
佐久間象山	奈良本辰也 左方郁子
ホッブズ	田中　浩
田中正造	布川清司
幸徳秋水	絲屋寿雄
スタンダール	鈴木昭一郎
和辻哲郎	小牧　治
マキアヴェリ	西村貞二
河上肇	山田　洸
アルチュセール	今村仁司
杜甫	鈴木修次
スピノザ	工藤喜作
ユング	林　道義
フロム	安田一郎
マイネッケ	西村貞二
エラスムス	斎藤美洲
パウロ	八木誠一
ブレヒト	岩淵達治
ダンテ	野上素一
ダーウィン	江上生子
ゲーテ	星野慎一
ヴィクトル=ユゴー	辻　昶 丸岡高弘
トインビー	吉沢五郎
フォイエルバッハ	宇都宮芳明

平塚らいてう	小林登美枝
フッサール	加藤精司
ゾラ	尾崎和郎
ボーヴォワール	村上益子
カール=バルト	大島末男
ウィトゲンシュタイン	岡田雅勝
ショーペンハウアー	遠山義孝
マックス=ヴェーバー	住谷一彦他
D・H・ロレンス	倉持三郎
ヒューム	泉谷周三郎
シェイクスピア	福田陸太郎 菊川倫子
ドストエフスキイ	井桁貞義
エピクロスとストア	堀田彰
アダム=スミス	浜林正夫 鈴木亮
ポパー	川村仁也
フンボルト	西村貞二
白楽天	花房英樹
ベンヤミン	村上隆夫
ヘッセ	井手賁夫
フィヒテ	福吉勝男
大杉栄	高野澄
ボンヘッファー	村上伸
ケインズ	浅野栄一
エドガー=A=ポー	佐渡谷重信
ウェスレー	野呂芳男
レヴィ=ストロース	吉田禎吾他
ブルクハルト	西村貞二
ハイゼンベルク	小出昭一郎
ヴァレリー	山田直
プランク	高田誠二
ラヴォアジエ	中川鶴太郎
T・S・エリオット	徳永暢三
シュトルム	宮内芳明
マーティン=L=キング	梶原寿
ペスタロッチ	長尾十三二 福田弘
玄奘	三友量順
ヴェーユ	冨原眞弓
ホルクハイマー	小牧治
サン=テグジュペリ	稲垣直樹
西光万吉	師岡佑行
ヴァイツゼッカー	加藤常昭
メルロ=ポンティ	村上隆夫
オリゲネス	小高毅
トマス=アクィナス	稲垣良典
ファラデーとマクスウェル	後藤憲一
津田梅子	古木宜志子
シュニツラー	岩淵達治
タゴール	丹羽京子
カステリョ	出村彰
ヴェルレーヌ	野内良三
コルベ	川下勝
ドゥルーズ	鈴木亨
「白バラ」	関楠生
リジュのテレーズ	菊地多嘉子
リッター	西村貞二
プルースト	石木隆治
ブロンテ姉妹	青山誠子
ツェラーン	森治
ムッソリーニ	木村裕主
モーパッサン	村松定史
大乗仏教の思想	副島正光
解放の神学	梶原寿
ミルトン	新井明
ティリッヒ	大島末男
神谷美恵子	江尻美穂子
レイチェル=カーソン	太田哲男
オルテガ	渡辺修
アレクサンドル=デュマ	辻昶 稲垣直樹
西行	渡部治
ジョルジュ=サンド	坂本千代
マリア	吉山登

ラス=カサス	染田 秀藤
吉田松陰	高橋 文博
パステルナーク	前木 祥子
パース	岡田 雅勝
南極のスコット	中田 修
アドルノ	小牧 治
良寛	山崎 昇
グーテンベルク	戸叶 勝也
ハイネ	一條 正雄
トマス=ハーディ	倉持 三郎
古代イスラエルの預言者たち	木田 献一
シオドア=ドライサー	岩元 巌
ナイチンゲール	小玉香津子
ザビエル	尾原 悟
ラーマクリシュナ	堀内みどり
フーコー	今村 仁司 栗原 仁
トニ=モリスン	吉田 廸子
悲劇と福音	佐藤 研
リルケ	星野 慎一 小磯 仁
トルストイ	八島 雅彦
ミリンダ王	森 祖道 浪花 宣明
フレーベル	小笠原道雄
ヴェーダからウパニシャッドへ	針貝 邦生
ベルイマン	小松 弘
アルベール=カミュ	井上 正
バルザック	高山 鉄男
モンテーニュ	大久保康明
ミュッセ	野内 良三
ヘルダリーン	小磯 仁
チェスタトン	山形 和美
キケロー	角田 幸彦
紫式部	沢田 正子
デリダ	上利 博規
ハーバーマス	小牧 治 村上 隆夫
三木清	永野 基綱
グロティウス	柳原 正治
シャンカラ	島 岩
ハンナ=アーレント	太田 哲男
ミダース王	西澤 龍生
ビスマルク	加納 邦光
オパーリン	江上 生子
アッシジのフランチェスコ	川下 勝
スタール夫人	佐藤 夏生
セネカ	角田 幸彦
ペテロ	川島 貞雄
ジョン・スタインベック	中山喜代市
漢の武帝	永田 英正
アンデルセン	安達 忠夫
ライプニッツ	酒井 潔
アメリゴ=ヴェスプッチ	篠原 愛人
陸奥宗光	安岡 昭男